dtv
premium

John Selby · Paul Hannam

MIND MANAGEMENT

Das Praxisbuch

Aus dem Englischen von
Bettina Lemke

Deutscher Taschenbuch Verlag

Von John Selby
sind im Deutschen Taschenbuch Verlag erschienen:

Was mich stark macht (24363)
Die Liebe finden (24479)
Arbeiten ohne auszubrennen (34060)
Wer warten kann, hat mehr vom Leben (34090)
Die Kunst, allein zu sein (36236)
Die Kunst zu leben (36287)
Väter und ihre Rolle in unserem Leben (36310)

Online-Audio-Training unter: www.selbysolution.com

FSC
Mix
Produktgruppe aus vorbildlich bewirtschafteten Wäldern und anderen kontrollierten Herkünften

Zert.-Nr. GFA-COC-1298
www.fsc.org

Der Inhalt dieses Buches wurde auf einem nach den Richtlinien des Forest Stewardship Council zertifizierten Papier der Papierfabrik Munkedal gedruckt.

Deutsche Erstausgabe
Februar 2006

www.dtv.de

Umschlagkonzept: Balk & Brumshagen
Satz: Fotosatz Amann, Aichstetten
Gesetzt aus der Stone Serif 9,75/12,5
Druck und Bindung: Kösel, Krugzell
Gedruckt auf säurefreiem, chlorfrei gebleichtem Papier
Printed in Germany
ISBN-13: 978-3-423-24522-7
ISBN-10: 3-423-24522-0

Inhalt

Teil drei

Erkenntnis, Weisheit und Integrität

Teil vier

Spezielle Anwendungen

»Mental Fitness« bei der Arbeit

Wenn wir in unserem Arbeitsleben erfolgreich sein wollen, müssen wir lernen, unsere innere Haltung in die richtigen Bahnen zu lenken. Besonders beim Umgang mit Kunden oder Geschäftspartnern ist es von erheblichem Vorteil, sich – wenn nötig – aus dem Strudel negativer Gedanken und Gefühle zu lösen und in eine positivere Gestimmtheit zu gelangen. Doch auch die Arbeit am Schreibtisch läuft viel besser, wenn wir wissen, wie wir uns von innerem Stress verabschieden und dadurch mehr Raum für geistige Klarheit und Kreativität schaffen können.

Dieses Praxisbuch stellt Ihnen ein Programm für mental fitness vor, bei dem Sie einen guten Umgang mit Ihren Gedanken und Gefühlen erwerben, so dass Sie Ihren Kunden oder Geschäftspartnern mit mehr Ausstrahlung und Freundlichkeit begegnen, Probleme kreativer angehen sowie an Tatkraft, Mitgefühl und Zuversicht gewinnen.

Einführung: Den Take-Charge-Prozess meistern

Dieses Buch hat zwei Ziele. Zum einen soll es Ihnen zu größerem Erfolg in der Arbeit verhelfen und zum anderen soll es Ihr persönliches Wohlbefinden steigern. Es ist durchaus möglich, Ihre Arbeitsleistung und gleichzeitig Ihre Lebensqualität zu verbessern. Das Geheimnis dieses doppelten Erfolgs liegt darin, die Kontrolle über Ihren Geist zu übernehmen, damit Sie unabhängig von äußeren Umständen, die sich Ihrer Kontrolle entziehen, über klare Gedanken, Erkenntnisse, Kreativität und Einfühlungsvermögen verfügen.

> Wenn Sie negative Gedanken und Stimmungen, Sorgen und andere psychische Belastungen bewusst reduzieren, erledigen Sie Ihre Arbeit mit Kraft und meistens besseren Ergebnissen. Und wenn Sie Ihre Aufmerksamkeit gezielt in Richtungen lenken, die eine größere Wachsamkeit und innere Zuversicht sowie intuitive und weise Entscheidungen hervorbringen, bewältigen Sie jede neue Herausforderung.

Immer mehr Menschen fühlen sich an ihrem Arbeitsplatz zunehmend überfordert und gestresst, egal, in welcher Position sie sind, und egal, ob sie in großen oder kleinen Unternehmen, in Behörden, im Ausbildungsbereich oder für wohltätige Organisationen arbeiten. Unvorhersehbare Veränderungen treten in einer alarmierenden Geschwindigkeit auf, gleichzeitig herrscht ein extremer Konkurrenzkampf, so dass selbst robuste Naturen ihre Mühe haben, mit extrem langen Arbeitszeiten, ständig neuen technologischen Entwicklungen sowie Outsourcing- und Verschlankungsmaßnahmen fertig zu werden. Die Situation am Arbeitsplatz hat uns noch nie so viel abverlangt wie heute.

Wie sieht ein gewöhnlicher Arbeitstag bei Ihnen aus? Sind Sie oft übermäßig im Stress, da Sie mit zu vielen Anforderungen konfrontiert werden? Machen Termine Sie nervös? Trüben negative Gedanken häufig Ihre Stimmung, so dass Ihr Denken träge und Ihr Körper müde wird? Sind Sie – anstatt Spaß an der Arbeit zu haben und leistungsfähig zu sein – häufig besorgt, angespannt und verärgert, so dass Sie kurz davor sind, innerlich zu explodieren, und von Ihrer Kreativität und Ihrer Ausstrahlung nicht mehr viel übrig bleibt?

> Sie können die Arbeitswelt, in die Sie täglich eintauchen, nicht verändern. Aber dafür können Sie auf Ihren Geist einwirken und auf eine andere Art und Weise mit dem Druck in der Arbeit umgehen, so dass Stresssituationen Sie nicht mehr belasten.

Die meisten Menschen wenden in der Arbeitswelt eine Reihe von Strategien an, die angeblich zum Erfolg führen, in Wirklichkeit aber ein tieferes Wohlempfinden meist verhindern. Der Preis, den sie häufig dafür bezahlen, dem Erfolg ständig hinterherzujagen, ist eine chronische Anspannung, eine immer wiederkehrende Angst, eine belastete Gesundheit sowie negative Emotionen. All das führt zu schlechten Leistungen in der Arbeit sowie zu unbefriedigenden Beziehungen innerhalb der Familie und zu Freunden.

> So sieht der Erfolg ohne Wohlempfinden aus. Häufig führt diese Situation zu einem Teufelskreis, in dem nicht nur die Gesundheit und die Emotionen leiden, sondern auch die Karriere stagniert, da man weniger effektiv arbeitet.

Erfolg ohne Wohlempfinden

Stress

Innere Unruhe

Ungleichgewicht zwischen Beruf und Privatleben

Beziehungsprobleme

Unklarheit

Müdigkeit

Sinnentleerung

Was können Sie tun, um Ihr Leben von Grund auf selbst in die Hand zu nehmen und sich von alten Prägungen zu befreien, die Sie nach unten ziehen?

Im Zentrum dieses Buches stehen zwei neue, wirksame Mind-Management-Methoden, die Ihre Arbeitsleistungen aufgrund ihrer einzigartigen psychologischen Wirkungsweise beinahe unmittelbar verbessern und für Wohlbefinden sorgen. Gleichzeitig werden Sie besser mit all den Belastungen eines modernen Arbeitsplatzes umgehen können, indem Sie auf einen effektiveren und angenehmeren Modus des Denkens, Fühlens und Handelns umschalten.

> Mit diesen wirksamen kognitiven Umschaltmethoden überwinden Sie alte, einschränkende Gewohnheiten und Anspannungen, setzen Ihr besonderes Potenzial frei und gelangen ohne Stress zum Erfolg.

Was ist Mind-Management?

Es ist eine faszinierende Tatsache, dass wir Menschen nie vorher wissen, in welcher emotionalen, geistigen oder energetischen Verfassung wir jeden neuen Morgen aufwachen. An seltenen glücklichen Tagen wachen Sie auf und sind voll Energie – Sie haben eine rundum positive Einstellung und einen messerscharfen Verstand. Sie besitzen Ausstrahlung, sprühen vor neuen Ideen und fühlen sich körperlich großartig – nichts kann Sie aufhalten.

Aber, wie Sie selbst wissen, wachen Sie an vielen Tagen auf und sind ohne jede Energie. Ihre Gedanken sind träge, Sie fühlen sich deprimiert oder ängstlich und auch körperlich kraftlos. Wenn Sie mit diesem Gefühl in die Arbeit gehen, kann das Ergebnis mittelmäßig und sogar katastrophal sein. Anstatt Herr Ihrer eigenen Gedanken zu sein und auf eine angenehmere Erfahrung umzuschalten, empfinden Sie sich als hilfloses Opfer unbekannter Kräfte, die Ihre Stimmung trüben und Sie Ihrer Energie berauben.

Es ist jedoch möglich, von dem Gefühl, ein Opfer Ihrer Stimmungen zu sein, umzuschalten und Ihre Gedanken und Ihre Emotionen zu kontrollieren. Die Schlüsselfrage lautet: Welche Bereiche in Ihrer Arbeit liegen jenseits Ihrer Kontrolle und welche Faktoren können Sie tatsächlich steuern und zu Ihren Gunsten verändern? Die Rahmenbedingungen an Ihrem Arbeitsplatz sind mit großer Wahrscheinlichkeit bis auf wenige Ausnahmen festgelegt. Wenn Sie die äußeren Gegebenheiten ändern könnten, hätten Sie es bereits getan.

> Aber – und das ist weit wichtiger: Sie können in jedem Moment entscheiden, worauf Sie die allmächtige Kraft Ihrer Aufmerksamkeit lenken – und das wiederum bestimmt in jedem neuen Moment, welche emotionale Erfahrung Sie machen, wie Sie auf Ihre Kollegen reagieren und was Sie als Nächstes bei der Arbeit erreichen.

Wir möchten Ihnen in diesem Buch gerne zeigen, dass Sie Ihre emotionalen Erfahrungen und Ihre geistigen Leistungen effektiver steuern können, wenn Sie gezielt Mind-Management betreiben. Dabei helfen Ihnen unsere beiden grundlegenden Methoden, die Sie inmitten eines hektischen Arbeitstages schnell und problemlos anwenden können. Keiner wird mitbekommen, was sich in Ihrem Geist tut, aber jeder wird merken, dass Ihre Stimmung sich plötzlich positiv verändert, dass Sie großartige Ideen haben und es eine Freude ist, mit Ihnen zusammenzusein.

> Das hat folgenden Grund: Während Sie Ihre Aufmerksamkeit von all den Stressfaktoren, die Sie nach unten ziehen, fortlenken, konzentrieren Sie sich gleichzeitig auf innere Erfahrungen, die Sie unmittelbar aufbauen.

Unsere Methode im Überblick

Im Folgenden geben wir Ihnen einen kurzen Überblick über unsere Mind-Management-Methode, die auf zwei Mentaltechniken basiert: der »Wake-Up«- und der »Take-Charge«-Technik. Dabei ist das Wake-Up gewissermaßen die Grundübung und deren Durchführung in der Regel Voraussetzung, um in den Take-Charge-Prozess einzusteigen.

Mit der vierstufigen Wake-Up-Technik versetzen Sie sich in den gegenwärtigen Augenblick – in das Hier und Jetzt –, in dem Sie dann wach, entspannt und mit allen Ihren Sinnen körperlich präsent sind. Darauf baut der siebenstufige Take-Charge-Prozess auf, mit dem Sie Ihr Bewusstsein schrittweise erweitern und der Ihnen Ihr gesamtes inneres Potenzial aufschließt. Nutzen Sie diese inneren Kräfte und setzen Sie sie konsequent und nachhaltig in Ihrem Leben um! Das ist es, was wir unter »Take Charge« verstehen. Bereits mit den ersten Schritten des Programms setzen Sie innerhalb von nur einer Minute Energie frei. Darüber hinaus sollten Sie ein paar Mal täglich drei bis fünf Minuten lang innehalten, um die tiefere kreative und aufbauende Dimension des gesamten Prozesses für sich zu nutzen.

In jedem Fall werden Sie feststellen, dass Sie selbst bestimmen können, in welcher Gemütsverfassung Sie arbeiten. Mithilfe spezieller »Fokussätze« können Sie unmittelbar einen kognitiven Umschaltprozess einleiten. Auf diese Weise werden Sie sich körperlich kraftvoller und lebendiger fühlen, klarer denken können und eine stärkere Verbindung zu Ihren inneren Energie- und Weisheitsquellen haben, die Ihren Erfolg und Ihr Wohlempfinden bei der Arbeit beeinflussen.

Erster Aufbauschritt

Aufmerksamer werden (und sich besser fühlen)
Schalten Sie von Ablenkbarkeit und Gedankenverlorenheit darauf um, im Hier und Jetzt präsent zu sein und den Augenblick zu genießen.

Zweiter Aufbauschritt
Zuversichtlicher sein
Lösen Sie sich bei der Arbeit von angstbehafteten, sorgenvollen Gedanken, um ruhiger, geerdeter und positiver gestimmt zu sein.

Dritter Aufbauschritt
Einfühlsam mit anderen kommunizieren
Verlagern Sie Ihre Aufmerksamkeit von ehemals urteilenden Gewohnheiten darauf, vertrauensvolle, herzliche Beziehungen voller Akzeptanz zu anderen Menschen zu knüpfen.

Vierter Aufbauschritt
Das eigene Selbstwertgefühl steigern
Hören Sie damit auf, sich selbst zu kritisieren, sich schuldig oder unzulänglich zu fühlen, und nehmen Sie sich selbst ganz an. Seien Sie sich selbst der beste Freund, dann werden Sie ein allseits beliebter Kollege und eine starke Führungspersönlichkeit werden.

Fünfter Aufbauschritt
Probleme kreativer lösen
Gehen Sie über konventionelle Ideen und uninspirierte Lösungen hinaus, indem Sie all Ihre integrativen und visionären Kräfte einsetzen.

Sechster Aufbauschritt
Die eigene Intuition nutzen
Schalten Sie von kurzfristigem Denken auf Ihre tiefe innere Kraftquelle, die Ihnen Verständnis und Weitblick bietet. Nehmen Sie eine Situation in ihrer Gesamtheit wahr und treffen Sie weise Entscheidungen.

Siebter Aufbauschritt
Sicher und integer handeln
Bringen Sie Ihre eigentlichen Ziele und Ihre Absichten bei der Arbeit zum Ausdruck und handeln Sie effektiver und verlässlicher.

»Wake Up« ⟶ **»Take Charge«**

»Ich spüre, wie die Luft durch meine Nase ein- und ausströmt ...«

»Ich spüre auch die Bewegungen in meiner Brust und meinem Bauch ...«

»Ich bin mir meiner Gefühle im Herzen bewusst ...«

»Ich bin mir meines ganzen Körpers bewusst, hier, in diesem Augenblick ...«

1. Werden Sie aufmerksamer
2. Seien Sie zuversichtlicher
3. Kommunizieren Sie voller Empathie mit anderen Menschen
4. Steigern Sie Ihr Selbstwertgefühl
5. Lösen Sie Probleme auf kreativere Weise
6. Nutzen Sie Ihre Intuition
7. Handeln Sie sicher und integer

Neben diesen sieben grundlegenden Aufbauschritten unseres Take-Charge-Programms stellen wir Ihnen die Wake-Up-Technik mit ihren vier kurzen Schritten vor, die Sie in weniger als einer Minute durchführen können. Sobald Sie diese Technik gut beherrschen, können Sie den Fokus Ihres Geistes unmittelbar von gewohnten negativen Stimmungen auf die volle Teilnahme im gegenwärtigen Moment verlagern.

Wir werden Ihnen in Teil eins zunächst die Wake-Up-Technik vorstellen, da sie die Basis für die tiefer gehende Take-Charge-Methode darstellt. Immer wenn Sie den Wake-Up-Prozess absolviert haben, können Sie entweder mit neuer Energie und erweitertem Bewusstsein wieder an die Arbeit gehen oder gleich die vertiefte siebenstufige Take-Charge-Methode anschließen, die besonders wertvolle Qualitäten und Kräfte aktiviert.

Wer profitiert am meisten von Mind-Management?

Wir werden häufig gefragt, ob unsere Methode sich an eine bestimmte Gruppe von Arbeitnehmern richtet. Die meisten Mentaltrainingsprogramme wurden entweder für die Führungsebene entwickelt oder für alle anderen. Doch beim Mind-Management profitiert jeder auf die gleiche Weise. Es gibt keine Position in einem Unternehmen, in der man unsere Methode nicht Gewinn bringend einsetzen könnte.

> Jedes Mitglied eines Betriebs oder einer Organisation spielt eine entscheidende Rolle für das Unternehmen insgesamt. Und von der Qualität der inneren Erfahrung jedes individuellen Mitarbeiters hängt die allgemeine Bewusstseinsqualität (und der Erfolg) des gesamten Unternehmens ab.

Unser Anliegen ist, komplette Organisationen mit dem Rüstzeug für die Take-Charge-Methode auszustatten, damit sie als Ganzes davon profitieren. Denn wenn jeder lernt, in besserer Verfassung zu arbeiten, wird das Betriebsklima insgesamt entspannter, angenehmer und stressfreier. Anstatt das Unternehmen als herz- und rücksichtslos zu empfinden, werden Sie an Ihrem Arbeitsplatz den aufrichtigen Wunsch nach Kooperation sowie echten Teamgeist wahrnehmen.

Wenn jeder lernt, seine Aufmerksamkeit und Energie zu bewahren, hebt das die Stimmung und die Produktivität steigt. In unserer Arbeitswelt mit ihren hohen Leistungsanforderungen werden auf diese Weise Kreativität und Verständnis gefördert, bessere Entscheidungen werden getroffen und die Teamarbeit funktioniert großartig. Darüber hinaus wird das körperliche und emotionale Wohlergehen aller Angehörigen des Unternehmens optimiert.

Ob Sie also ein Abteilungsleiter oder eine junge Sekretärin, ein Vorstandsmitglied oder eine Nachwuchsmanagerin sind – die Techniken, die Sie in diesem Buch lernen, kommen Ihnen in jeder Position zugute. Sie unterstützen Sie auf Ihrem persönlichen Weg zu Erfolg und Erfüllung und helfen auch Ihrem Unternehmen, einfühlsamer, positiver, kreativer und erfolgreicher zu werden.

Wie Sie am besten vorgehen

Obwohl er Ihnen außergewöhnlich großen persönlichen Gewinn bringt, ist es überhaupt nicht schwer, sich den Take-Charge-Prozess anzueignen. Wenn Sie die Methode täglich zehn bis fünfzehn Minuten lang üben, können Sie sie innerhalb von ein paar Wochen erlernen. Geben Sie sich anschließend noch zirka einen Monat Zeit, um das Programm vollständig in Ihr Arbeitsleben zu integrieren.

Sie werden feststellen, dass Sie das Gelernte bereits in der ersten Übungswoche anwenden können und seine positiven Auswirkungen in der Arbeit spüren. Und je besser Sie die Technik beherrschen, desto mehr wird sich Ihr tägliches Arbeitsleben verbessern.

Natürlich ist es etwas anderes, über positive Veränderungen zu sprechen, als sie tatsächlich auf den Weg zu bringen. Darin liegt die wahre Herausforderung. Dieses Handbuch soll Ihnen helfen, Ihr Ziel zu erreichen: nämlich Ihren Geist gezielt zu steuern, damit Sie sich in Ihrer Arbeit an allen Fronten entfalten können.

Wahrscheinlich bevorzugen Sie eine bestimmte Art und Weise, etwas Neues zu erlernen. Die folgenden Vorschläge sind allgemeine Empfehlungen, wie Sie die neuen Techniken am besten meistern können. Sie haben aber jederzeit die Möglichkeit, den Lehrplan auf Ihre persönlichen Bedürfnisse abzustimmen:

Erste Phase

Nehmen Sie sich eine Woche Zeit, um das Ganze zu erfassen

Wenn Sie sich etwas Neues aneignen, ist es am besten, sich zunächst einen Überblick über den gesamten Stoff zu verschaffen, um »das große Ganze« zu erkennen. Daher empfehlen wir Ihnen, das Buch als Erstes relativ rasch durchzulesen, um ein Gefühl für den Prozess als solchen zu erhalten. Dabei können Sie ihn vielleicht auch schon ein bisschen testen. Viel Spaß bei der Lektüre!

Zweite Phase

Tag für Tag, Kapitel für Kapitel

Wir empfehlen Ihnen, zwei Wochen für diese Phase einzuplanen. Beginnen Sie erneut bei Teil eins und widmen Sie jedem der zehn Kapitel mindestens einen ganzen Tag. Lesen Sie sie abermals durch – und üben Sie an diesem Tag immer wieder den Lernschritt, der im jeweiligen Kapitel beschrieben wird –, so dass Sie rasch mit dem Prozess vertraut werden. Am Ende dieser zweiwöchigen Lernphase sollten Sie die elf zentralen Fokussätze auswendig können. Verinnerlichen Sie diese Sätze. Sagen Sie sie jeden Tag bei der Arbeit in verschiedenen Situationen zu sich selbst, um Ihren Geist mit dem kognitiven Umschaltprozess vertraut zu machen. In dieser Übungsphase kommt jeden Tag ein neuer Fokussatz dazu – so dass Sie am elften Tag den gesamten Take-Charge-Prozess einmal durchlaufen haben.

Dritte Phase

Anwendung (in der vierten Woche)

Sobald Sie alle Fokussätze auswendig können und sie mit der inneren Erfahrung verknüpft haben, die Sie während der Arbeit aktivieren möchten, haben Sie Ihr kognitives Grundgerüst erworben und können es nun gezielt einsetzen. In jedem Kapitel und besonders zu Beginn von Teil vier finden Sie darüber hinaus spezielle Strategien für Ihre Arbeitspraxis. In der vierten Woche sollten Sie sich einen Plan machen, um die mentalen Techniken als positives Element regelmäßig in Ihren Arbeitstag zu integrieren.

Vierte Phase

Der langfristige Erfolgsplan

Wenn Sie das gesamte Trainingsprogramm absolviert haben, können Sie die Take-Charge-Instrumente zum Bewusstseinsmanagement also nach Belieben einsetzen. Diese grundlegenden Techniken werden Sie im Lauf der Zeit immer weiter bringen und schrittweise zu sich selbst und Ihrem wahren Potenzial führen. Wenn Sie Ihren Geist wahrlich beherrschen und Ihr höheres Potenzial freisetzen, werden Sie immer wieder davon profitieren.

Sie werden darüber hinaus feststellen, dass sich Ihr Leben auch in Bereichen, die nichts mit der Arbeit zu tun haben, merklich verbessert. So werden Sie beispielsweise Ihre Beziehungen zu Freunden, der Familie und allen anderen Menschen vertiefen und erfolgreicher gestalten. Am Ende des Buchs stellen wir Ihnen spezielle Programme für zu Hause vor, die den Take-Charge-Prozess zu einem täglichen Reflexionsprogramm erweitern, mit dem Sie Ihr höchstes Potenzial stets weiter erkunden können.

Online- und Audio-Support

Wir haben dieses Praxisbuch so gestaltet, dass es effektiv ist und das Arbeiten damit Freude macht. Für die Programme benötigen Sie keine weiteren Hilfsmittel mehr. Wenn Sie darüber hinaus eine umfassende Audio-Anleitung nutzen möchten, steht Ihnen das Online-Trainingsprogramm auf der Internetseite www.selby-solution.com zur Verfügung – auf Englisch und auf Deutsch. Dort finden Sie Audio-Trainingssitzungen und weitere Unterstützung. Zudem gibt es MP3-Downloads und CD-Versionen der Trainingsprogramme, so dass Sie zum Üben nicht auf den Computer angewiesen sind. Die Internetseite enthält auch spezielle Programme für Unternehmen. Außerdem bietet sie Foren und aktualisierte Trainingseinheiten, damit Sie stets up to date bleiben, während Sie sich in der hohen Kunst des Mind-Managements weiter üben.

Wir wünschen Ihnen in den nächsten Wochen viel Spaß beim Erlernen des Take-Charge-Prozesses. Sie werden feststellen, dass die Lernkurve rapide ansteigt und dass Ihnen jeder Schritt auf diesem Weg rundum Freude bereiten wird. Bei diesem Prozess gibt es kein Ende, Sie können stets weitere Fortschritte machen. Ihr Bewusstsein und Ihr Potenzial sind riesig und warten darauf, von Ihnen erkundet zu werden!

Teil eins

Die Wake-Up-Technik

Bei den meisten von uns laufen die gedanklichen Prozesse zum größten Teil automatisch ab. Unsere Emotionen und Stimmungen scheinen aus dem Nichts heraus zu entstehen. Momente großer geistiger Klarheit und Kreativität tauchen sporadisch auf und verschwinden dann wieder. An manchen Tagen besitzen wir Ausstrahlung und unsere Führungsqualitäten gelangen voll zum Einsatz, aber allzu häufig sind wir komplett lahm gelegt. Unsere höheren integrativen mentalen Fähigkeiten wie zum Beispiel geistreiche Problemlösungstrategien und weise Entscheidungsfindungen sind flüchtige Erscheinungen, die gänzlich außerhalb unserer Kontrolle zu liegen scheinen.

Wie bereits in der Einleitung erwähnt, erreichen wir wahren Erfolg und dauerhaftes Wohlbefinden, wenn wir erkennen, dass wir tatsächlich die Kontrolle über unser Leben übernehmen können, indem wir das Mind-Management anwenden.

> Wenn Sie lernen wollen, Ihren Geist zu beherrschen, müssen Sie sich zunächst Ihrer geistigen Gewohnheiten bewusst werden und die hilfreichen von den hinderlichen unterscheiden können. Darüber hinaus müssen Sie sich gezielt entscheiden, worauf Sie Ihre Aufmerksamkeit in jedem Moment richten – und in diesem gegenwärtigen Moment präsent bleiben.

Sobald Sie Ihren Geist neu ausrichten, gewinnen Sie eine authentische Kraft – die Kraft, Ihre Stimmungen zu kontrollieren, Ihre Aufmerksamkeit zu verlagern und zu entscheiden, wie Sie am besten auf die Höhen und Tiefen des Lebens reagieren.

Stellen Sie sich vor, Sie wären in der Lage, einen schrecklichen Arbeitstag genauso zu genießen wie einen tollen. Stellen Sie sich ferner vor, Sie könnten positiv gestimmt bleiben, egal, wie schlecht andere Menschen Sie behandeln, und egal, wie viel schief läuft. Und stellen Sie sich weiter vor, Sie könnten Ihre höheren mentalen Fähigkeiten nutzen, indem Sie bewusst auf einen kreativeren geistigen Modus umschalten …

Es klingt vielleicht erstaunlich, dass man mit nur ein paar Mind-Management-Techniken so viel erreichen kann, aber die Beherrschung des Geistes erfordert nicht unbedingt komplexe psychologische oder meditative Verfahren. Im Gegenteil: je einfacher die mentalen Umschalttechniken sind, desto besser!

> Wir haben unser Mind-Management-Programm so gestaltet, dass es sehr einfach und gleichzeitig äußerst wirksam ist.

Schließlich haben Sie während eines hektischen Arbeitstages keine Zeit dafür, sich mit einem komplexen Prozess zu befassen – Sie brauchen eine schnelle, entspannende Technik, die Sie sich leicht merken können und die trotzdem die gewünschte Wirkung hat.

Die Kraft Ihrer Aufmerksamkeit

Wahrscheinlich haben Sie gelernt, Ihre Aufmerksamkeit auf die äußere Welt zu richten, auf das, was an Ihrem Arbeitsplatz um Sie herum passiert. Allerdings finden die wichtigsten Dinge nicht in der äußeren Struktur oder im System Ihres Unternehmens statt. Das Wichtigste läuft in Ihrem eigenen Inneren ab.

Wenn Sie ängstlich oder deprimiert sind, wenn Ihre Gedanken trübe oder voreingenommen sind, wenn Ihr Energieniveau niedrig oder überreizt ist, dann können Sie nicht erfolgreich arbeiten. So einfach ist das.

Wenn Sie dagegen bei der Arbeit »im Fluss« sind, wenn Sie aufmerksam, positiv gestimmt und kreativ sind, dann gelingt Ihnen alles, egal, worauf Sie Ihre Aufmerksamkeit richten. Setzen Sie Ihre Geisteskräfte richtig ein und Sie werden hervorragende Arbeitsleistungen erbringen. Aber auf welche Weise erlangen Sie die Kontrolle über Ihren Geist?

Wie wir in der Einleitung erwähnt haben, findet im Zentrum Ihres Bewusstseins ein grundlegender, permanenter Prozess statt, von dem alles, was in Ihrem Leben geschieht, abhängt. Die Ausrichtung Ihrer kreativen Energie und Ihrer Kraft zu handeln richtet sich ganz danach, worauf Sie Ihre Aufmerksamkeit konzentrieren.

> Alles in Ihrem Leben hängt davon ab, worauf Sie Ihre Aufmerksamkeit in jedem Moment lenken. In dieser Entscheidung liegt Ihre wahre Kraft!

Momentan konzentrieren Sie sich auf dieses Buch und das ermöglicht Ihnen, etwas Neues zu lernen, das Ihr Leben verändern könnte. Genauso gut könnten Sie das Buch beiseite legen und Ihre Aufmerksamkeit darauf ausrichten, beispielsweise eine Unterhaltungssendung im Fernsehen anzuschauen.

Die wenigsten Menschen übernehmen bewusst die Verantwortung dafür, worauf sie ihre Aufmerksamkeit lenken. Stattdessen lassen sie tief verwurzelte Gewohnheiten oder äußere Einflüsse bestimmen, wie sie ihre wertvolle Kraft einsetzen. Ihren Geist zu steuern bedeutet, sich bewusst zu werden, worauf Sie die Kraft Ihrer Aufmerksamkeit richten und dann zu entscheiden, worauf Sie sich konzentrieren wollen.

> Sie können über Ihre persönliche geistige Kraft verfügen. Was Sie im Leben erreichen, hängt letztlich davon ab, worauf Sie Ihre geistige Kraft richten. Dies klar zu erkennen und dementsprechend zu handeln ist der erste und größte Schritt zur Veränderung.

Beobachten Sie in diesem Moment, für welche Wahrnehmung Sie sich gerade entschieden haben – auf welche sinnlichen Impulse sind Sie beispielsweise eingeschwungen? Natürlich sind Sie sich der Worte bewusst, die Sie gerade lesen, möglicherweise auch des Gewichts des Buches, wenn Sie es in der Hand halten. Vielleicht nehmen Sie auch die Geräusche um sich herum wahr und vage das Ausmaß des Zimmers, in dem Sie sich befinden. Und Sie sind sich irgendwie auch Ihres eigenen Körpers bewusst.

Wahrscheinlich bemerken Sie, dass es in Ihrem Geist einen unterschwelligen Gedanken gibt, der Ihre Aufmerksamkeit auf dieses Buch gerichtet hält. Wenn Ihnen ein anderer Gedanke in den Sinn käme, würde Ihre Aufmerksamkeit ihm wahrscheinlich folgen und Sie würden sich darauf konzentrieren.

Unsere Gedanken

Die Kognitionspsychologie hat erkannt, dass die wahre Quelle und der Auslöser fast aller Handlungen im Leben in den Gedanken zu finden ist, die ständig durch unseren Geist strömen. Wenn Sie die Arbeitsweise Ihres Geistes beobachten, werden Sie feststellen, dass es stimmt: Bevor Sie irgendetwas tun, taucht ein Gedanke in Ihrem Kopf auf, der die Handlung hervorruft.

> Meist verlaufen diese Gedanken unter der Oberfläche des Bewusstseins – aber wenn Sie sich selbst in jedem Moment beobachten, werden Sie feststellen, dass die Wissenschaftler Recht haben: Ihre Gedanken steuern letztlich Ihre Handlungen. Zudem rufen sie die meisten Ihrer Emotionen hervor.

Obwohl mittlerweile bewiesen ist, dass unser Verhalten ein Ergebnis unserer Gedanken und Prägungen ist, üben die wenigsten Menschen Kontrolle über ihre Gedanken aus. Deshalb sehen sich so viele als Opfer ihrer schlechten Stimmungen.

Wir wollen erkunden, wie Sie von all den negativen Gedankenströmen umschalten und Ihre Aufmerksamkeit in Richtungen lenken können, die für Sie produktiv und angenehm sind. Es ist so außerordentlich wichtig, die eigenen Gedanken zu kontrollieren – und es ist nicht schwer, sobald Sie die psychologische Logik verstehen und sich die Zeit nehmen, das Grundgerüst für den kognitiven Umschaltprozess zu erlernen, nämlich die Fokussätze. Sie helfen Ihnen, Ihre Aufmerksamkeit in die gewünschten Richtungen zu lenken.

Wie Sie aus eigener Erfahrung wissen, ist Ihre Aufmerksamkeit stets auf bestimmte Gedanken, Erinnerungen, Vorstellungen oder äußere Wahrnehmungen gerichtet – und dies beeinflusst Ihre Emotionen und Ihre körperliche Verfassung.

Jedem emotionalen Zustand geht eine bestimmte Kombination aus Gedanken, Wahrnehmungen, Erinnerungen und Vorstellungen voraus. So werden Sie etwa wütend, wenn Sie an einen ungelösten gegenwärtigen oder vergangenen Konflikt denken. Diese unliebsamen Gedanken und Erinnerungen lassen Ihren Körper wiederum mit aggressiver Anspannung, einem beschleunigten Herzschlag und einer verkrampften Atmung reagieren.

Was können Sie tun, um von Ihrer Wut abzuschalten? Wenn Ihr Zorn von einer gegenwärtigen Bedrohung ausgelöst wird, müssen Sie sich natürlich mit dieser Bedrohung auseinander setzen. Aber in allen anderen Fällen sollten Sie die Kontrolle über Ihre Gedanken übernehmen, von den Erinnerungen und Assoziationen, die Ihre Aggression hervorrufen, wegkommen und Ihre Aufmerksamkeit in produktivere, positivere Richtungen lenken. Sonst wird die negative Stimmung Sie daran hindern, eine gute Arbeit zu machen und sich wohl zu fühlen.

Sobald Sie in der Lage sind, gezielt auf Ihren Geist einzuwirken, und erlebt haben, welche Kraft und welch großartiges Gefühl sich daraufhin einstellen, werden Sie Ihren Geist nie mehr auf Autopilot schalten wollen.

Im Folgenden finden Sie eine Liste verschiedener geistiger Zustände, die Sie alle kennen. Kognitiv umzuschalten bedeutet, sich erfolgreich von einem negativen geistigen Zustand zu lösen und in einen positiven geistigen Zustand zu gelangen:

Negative geistige Zustände	Positive geistige Zustände
zerstreut	aufmerksam
sorgenvoll	zuversichtlich
ablehnend	annehmend
unfreundlich	einfühlsam
engstirnig	kreativ
schwach	stark
abgelenkt	konzentriert
aufgeregt	ruhig
unsicher	bestimmt
wetteifernd	kooperativ
manipulativ	teilnehmend
deprimiert	glücklich
zornig	freundlich
dumm	weise

Um die für den kognitiven Umschaltprozess erforderlichen Instrumente zu bedienen, benötigen Sie keine detaillierten psychologischen Kenntnisse. Ebenso wenig müssen Sie die komplizierten Vorgänge im Motor Ihres Autos verstehen, um einzusteigen und loszufahren. Nichtsdestotrotz bietet Ihnen die folgende kurze psychologische Erläuterung einen guten Einblick in den kognitiven Umschaltprozess, mit dem Sie bessere geistige Leistungen erzielen können.

Die fünf Dimensionen des Bewusstseins

Ihr Bewusstsein verfügt über fünf verschiedene grundlegende Funktionen, die jeweils mit bestimmten Gehirnbereichen verknüpft sind. Und es ist jederzeit möglich, von einer Funktion in die andere zu wechseln. Sie sind (sobald Sie es gelernt haben) also in der Lage zu entscheiden, auf welche Funktion oder auf welche Mischung verschiedener Funktionen Sie in jedem beliebigen Moment umschalten möchten und welche Sie vorübergehend außer Acht lassen wollen.

Ein großer Teil unseres beruflichen Erfolgs hängt davon ab, dass wir im richtigen Moment die richtige Bewusstseinsfunktion aktivieren. Kognitiv umzuschalten bedeutet, von einem Modus in einen anderen zu wechseln. Im Folgenden finden Sie eine kurze Beschreibung der fünf Funktionen des Bewusstseins.

1. Sinnliche Wahrnehmung

Sie verfügen über eine ganzkörperliche Wahrnehmung (Sehen, Riechen, Tasten, Hören, Schmecken), die gänzlich im gegenwärtigen Moment stattfindet. Diese überaus alte Funktion versetzt Sie in die Lage, sinnliche Informationen (Erfahrungen) aus der äußeren Welt direkt zu empfangen und sich Ihrer körperlichen und emotionalen Präsenz bewusst zu sein.

2. Abstraktes Denkvermögen

Sie verfügen zudem über eine deduktive Denkfunktion, die Ihre Wahrnehmungen reflektiert sowie Anschauungen und Vorstellungen von der Realität erzeugt. Diese Fähigkeit ist eine auf die Vergangenheit beziehungsweise die Zukunft ausgerichtete Funktion des Geistes.

3. Emotionen

Eine weitere Bewusstseinsfunktion ist Ihre emotionale Reaktion auf Ihre Erfahrungen und Gedanken. Sie erleben Ihre Emotionen, beispielsweise Angst, Wut, Freude, Niedergeschlagenheit, Zufriedenheit, ebenfalls im gegenwärtigen Moment in Ihrem Körper.

4. Erinnerungen/Vorstellungen

Des Weiteren verfügen Sie über eine geistige Funktion, die sich an Geschehnisse aus der Vergangenheit erinnert und sich mögliche Ereignisse in der Zukunft vorstellt. Auch diese vergangenheits- beziehungsweise zukunftsbezogene Funktion des Geistes kann emotionale Reaktionen im Körper hervorrufen.

5. Intuition/Weisheit

Und schließlich besitzt Ihr Geist eine intuitive Funktion, die Ihnen plötzliche Geistesblitze vermittelt. Diese geistige Funktion kann eine Situation in ihrer Gesamtheit erfassen und verfügt somit über die Kraft, weise Entscheidungen, ein Gefühl innerer Zuversicht sowie Visionen zu erzeugen.

Ihr gesamtes Bewusstsein setzt sich aus diesen fünf verschiedenen Funktionen des Geistes zusammen. Damit müssen Sie an jedem neuen Tag arbeiten. Mithilfe der beiden Methoden, die Sie in diesem Buch erlernen, können Sie in jedem beliebigen Moment auf den Bewusstseinsmodus umschalten, der Ihnen in einer bestimmten Situation an Ihrem Arbeitsplatz am dienlichsten ist.

Wir wollen uns nun genauer ansehen, wie diese Bewusstseinsdimensionen in verschiedenen Arbeitssituationen eingesetzt werden können.

Erster Modus

Sinnliche Wahrnehmung

Sie schalten regelmäßig in den *sinnlichen Wahrnehmungsmodus* um, da Sie auf dieser auf das Hier und Jetzt bezogenen Ebene Ihres Bewusstseins neue Informationen erhalten und da hier der Arbeitsalltag stattfindet. So ist etwa jede Form der Kommunikation ein sinnlich wahrnehmbares Ereignis; alle Entscheidungen werden im gegenwärtigen Moment gefällt; jede Handlung vollzieht sich im Hier und Jetzt – daher ist diese wahrnehmende Bewusstseinsfunktion die Basis für alle Tätigkeiten an einem Arbeitsplatz. Beim Wake-Up-Prozess geht es darum, regelmäßig auf diesen Wahrnehmungszustand des Geistes umzuschalten.

Zweiter Modus
Abstraktes Denkvermögen
Es gibt viele Situationen, in denen Sie *auf deduktive Weise* über etwas nachdenken und Informationen gezielt verarbeiten müssen. Sich in Gedanken zu verlieren ist eine wichtige Funktion des Geistes – aber Sie sollten nicht darin hängen bleiben, da Sie sonst nicht im gegenwärtigen Moment präsent sind, in dem Ihre Arbeit stattfindet.

Dritter Modus
Emotionen
Die emotionale Funktion Ihres Geistes ist ebenso wichtig, da ein großer Teil Ihrer Arbeitsleistung davon abhängt, wie Sie sich fühlen, wie Ihre Beziehungen zu anderen Menschen aussehen und wie gut Sie mit Ihren Stimmungen umgehen können. Niemand arbeitet gern unter einem herzlosen Chef und auch umgekehrt schätzen Führungskräfte Mitarbeiter, die sich in andere hineinversetzen können.

Sie sollten sich stets darüber im Klaren sein, dass Ihre Gedanken und Erinnerungen die meisten Emotionen hervorrufen und dadurch häufig schlechte Laune, Depressionen, Angstgefühle oder eine unterschwellige Aggressivität entstehen können.

Vierter Modus
Erinnerungen/Vorstellungen
Auch Erinnerungen und Vorstellungen haben eine zentrale Bedeutung für erfolgreiches Arbeiten. Beim Lösen von Problemen geht es darum, Erinnerungen aus der Vergangenheit heranzuziehen beziehungsweise ein ähnliches Szenario in die Zukunft zu projizieren. Aber Erinnerungen und Vorstellungen lenken Sie vorübergehend vom gegenwärtigen Moment und von dem, was aktuell in Ihrer Arbeit geschieht, ab.

Fünfter Modus
Intuition/Weisheit
Die intuitive/kreative Funktion Ihres Geistes ermöglicht plötz-

liche Erkenntnisse und Visionen. Aufgrund dieser mysteriösen mentalen Funktion können Sie die Gesamtheit einer Situation auf einmal erfassen. Ferner steht Ihnen Ihre volle geistige Kraft zur Verfügung, um eine weise Entscheidung zu treffen, die über die Logik hinausgeht und eine erstrebenswerte Vision eröffnet. Es ist einer der zentralen Aspekte unserer Methode, auf diesen höheren Bewusstseinsmodus umschalten zu können, wann immer Sie möchten.

Auf Leerlauf schalten

Studien haben gezeigt, dass die meisten Menschen zu sehr auf den Denk-/Erinnerungs-/Vorstellungsmodus des Bewusstseins fixiert sind. Sie sind richtige »Denkaholiker«. Wenn Sie einmal eine Stunde lang beobachten, was in Ihrem Kopf vorgeht, werden Sie feststellen, dass Sie die meiste Zeit von Ihren Gedanken, Reflexionen und Erinnerungen vereinnahmt werden oder sich sogar darin verlieren, es sei denn, Sie sind gezwungen, sich mit der äußeren Welt zu befassen.

Doch solange sich ihr Geist im Vergangenheits- beziehungsweise Zukunftsmodus befindet, haben Sie keine Verbindung zum gegenwärtigen Moment, in dem Sie als Mensch existieren und mit der Außenwelt kommunizieren.

> Die Wake-Up-Methode basiert unter anderem auf der wichtigen psychologischen Erkenntnis, dass Sie Ihre Aufmerksamkeit zunächst auf den gegenwärtigen Moment richten müssen: auf Ihre Wahrnehmung und Ihre emotionale Basis im Hier und Jetzt. Erst dann können Sie vom gewohnten – auf die Vergangenheit beziehungsweise die Zukunft ausgerichteten – Denken auf höhere intuitive und kreative Funktionen des Geistes umschalten.

Beim Wake-Up-Prozess erhalten Sie die Kontrolle über Ihre Sinne zurück und stellen wieder eine Verbindung zur Realität des gegenwärtigen Moments her. Dieser Umschaltprozess ist für sich genommen bereits sehr wertvoll. Anschließend können Sie aber noch die weiterführenden Fokussätze der Take-Charge-Methode anwenden und unmittelbar auf einen kreativeren und intuitiveren Modus umschalten.

Einstein wusste, wie man das macht: Er stieg auf sein Fahrrad und schaltete auf das Hier und Jetzt um. Und auch die meisten anderen kreativen Köpfe haben ihre eigenen Umschalttechniken. Wir werden Ihnen die effektivsten Wege zeigen, damit auch Sie kognitiv umschalten können – und das sogar ohne auf Ihr Fahrrad zu steigen.

In diesem Kapitel befassen wir uns mit dem ersten Schritt. Wir werden Ihnen zeigen, wie Sie geistig auf Leerlauf schalten und den gegenwärtigen Moment zurückerobern können. In den folgenden Kapiteln werden wir erkunden, wie Sie vom gegenwärtigen Moment zu höheren Bewusstseinszuständen gelangen. Egal, wie Ihre berufliche Tätigkeit aussieht, Sie wurden mit der Maßgabe angestellt, sich auf den gegenwärtigen Moment zu konzentrieren und bei der Arbeit aufmerksam zu bleiben.

Es gibt wohl kaum etwas Irritierenderes, als in einem Geschäft oder während einer Besprechung mit einem Verkäufer beziehungsweise einem Kollegen zu tun zu haben, der nur halb präsent ist und gedanklich abdriftet, anstatt sich auf den Austausch im gegenwärtigen Moment zu konzentrieren.

> Es liegt in der Natur der Kommunikation, genau hier, genau jetzt stattzufinden. Jene Menschen, die ihre Aufmerksamkeit auf das Hier und Jetzt gerichtet halten können, sind in der Regel auch diejenigen, die am besten zuhören und in einem Team kommunizieren können.

Selbst wenn Sie an Ihrem Arbeitsplatz alleine sind, werden Sie Folgendes feststellen: Je öfter Sie Ihre Aufmerksamkeit auf den gegenwärtigen Moment ausrichten, desto besser geht Ihnen die Arbeit von der Hand. Nicht nur Ihre Kommunikation mit anderen verbessert sich, Sie sammeln zudem auf eine effektivere

Weise neue, relevante Informationen, da diese stets im gegenwärtigen Moment greifbar sind.

Kognitives Umschalten

Bei der Arbeit müssen Sie häufig Ihre Aufmerksamkeit vom gegenwärtigen Moment auf kognitives Denken und Problemlösungsstrategien verlagern. Sich vorübergehend in Gedanken zu verlieren ist wichtig, um über vergangene Erfahrungen nachzudenken und zukünftige Vorgehensweisen zu planen. Und selbstverständlich macht Denken Spaß – in Maßen. Bedenken Sie aber Folgendes:

> Sie können nicht intensiv über etwas nachdenken und sich gleichzeitig darauf konzentrieren, was im gegenwärtigen Moment geschieht. Sie treffen ständig die Entscheidung: ob Sie eher Ihren Gedanken nachhängen oder offen für eine neue Erfahrung sind.

Daher ist der Begriff »kognitives Umschalten« so wichtig beim Mind-Management. Während eines hektischen Arbeitstages müssen Sie immer wieder schnell von Problemlösungsstrategien und anderen intensiven Überlegungen zurück zum gegenwärtigen Moment schalten, in dem Sie mit anderen Menschen und Ihren Arbeitsvorgängen zu tun haben.

Besonders wenn Gedanken über aktuelle Ereignisse oder mögliche Geschehnisse in der Zukunft von Ihnen Besitz ergreifen und Sie bedrücken oder angespannt werden lassen, ist es wichtig, von diesen Gedanken abzuschalten und sich auf die Freude und Klarheit des gegenwärtigen Moments zu verlagern.

Anhand des folgenden Beispiels möchten wir Ihnen erläutern, wie unsere Methode in der Arbeit eingesetzt werden kann. Es zeigt, wie man von negativen Gedanken und Emotionen abschaltet und seine innere Ruhe selbst unter großem Druck wieder herstellt.

Tom Fischers Tag versprach großartig und erfolgreich zu werden. Er wollte einen wichtigen Auftrag unter Dach und Fach bringen, während er mit seinem Kunden in einem ruhigen französischen Restaurant zu Mittag aß. Sie mussten nur noch die Verträge unterzeichnen und ihren Wein genießen. Die Verhandlungen waren bereits abgeschlossen und es bestand kein Druck mehr. Nun würde Tom die Früchte seiner Arbeit ernten können. Er hatte in der Nacht gut geschlafen und wachte optimistisch und voller Energie auf.
Doch als er kurz nach neun Uhr strahlend sein Büro betrat und seine Sekretärin zu ihm sagte: »Mr. Hammond möchte Sie sofort sprechen«, wusste er, dass es Probleme geben würde.
Toms Atmung verkrampfte sich, seine gute Laune verflog. Hammond war der neue Bereichsleiter – und kein einfacher Mensch. Als er den Gang entlang zu Hammonds Büro ging, überlegte Tom, was ihn wohl erwartete. Aufgrund größerer Umstrukturierungen kam es immer noch zu zahlreichen personellen Veränderungen. Sollte seine Stelle etwa als Nächste dem Rotstift zum Opfer fallen? Tom spürte ein Gefühl der Angst in sich aufsteigen und sein schwungvoller Schritt verlangsamte sich.
Doch Hammond schien gut gelaunt zu sein. Er gab Tom lächelnd die Hand und sprach einige Projekte an, die sie im kommenden Monat gemeinsam angehen würden. Aber dann ließ er die Bombe platzen. Er musste für ein paar Tage geschäftlich nach Denver reisen – und Tom sollte ihn noch heute in Atlanta vertreten.
Tom spürte, wie er sich anspannte, da seine eigenen Pläne in sich zusammenfielen. »Das geht nicht, ich muss heute einen Vertrag zum Abschluss bringen«, erklärte er.
»Es tut mir Leid, aber Sie müssen mich vertreten.«
»Dann könnte das Geschäft platzen«, erwiderte Tom.
»Sie werden schon morgen Nachmittag zurück sein – verschieben Sie einfach Ihren Termin. Die Atlanta-Sache hat absolute Priorität. Hier sind die Unterlagen für die Besprechungen heute Nachmittag und morgen.«
Tom stand der Schweiß auf der Stirn. »Also gut«, murmelte er.
Hammond grinste. »Ich wusste, dass ich mich auf Sie verlassen kann.«
Als Tom das Büro seines Chefs verließ, war er wütend. Er fühlte sich in die Enge getrieben und gedemütigt. Er war am Boden zerstört.
Zurück in seinem Büro, saß er reglos an seinem Schreibtisch. Inner-

lich kochte er. Da steckte seine Sekretärin den Kopf zur Tür herein. »Mr. Miller ist da. Er sagte, er sei gerade zufällig im Haus und würde Sie gerne kurz sprechen.«
Tom fühlte sich im Moment nicht in der Lage, einem seiner wichtigsten Kunden zu begegnen. »Das passt mir gerade überhaupt nicht. Aber in Ordnung. Geben Sie mir bitte drei Minuten Zeit und schicken Sie ihn dann herein.«
Seine Sekretärin schloss die Tür. Tom saß allein in seinem Büro. Er war ganz durcheinander und fühlte sich aufgrund des ungelösten Konflikts körperlich schwach und angespannt. Er stand mit dem Rücken zur Wand. Miller hielt ihn für einen intelligenten, verlässlichen Geschäftsmann, der stets die Ruhe und einen klaren Kopf bewahrte.

Was konnte Tom tun, um sich innerhalb von ein paar Minuten vollkommen zu sammeln, seine Ausstrahlung sowie seine geistige Klarheit wiederzuerlangen? Glücklicherweise hatte er vor kurzem den Wake-Up-Prozess erlernt – und wusste daher, wie er seinen Geist und seine Emotionen steuern konnte, egal, in welchem Zustand er gerade war. Er musste sich seine Situation vergegenwärtigen und sich dann dazu entschließen, aktiv zu werden.

Die Wake-Up-Technik

Der erste wichtige Schritt bestand für Tom darin zu erkennen, was mit ihm geschehen war. Er hatte die Kontrolle über seine Emotionen verloren, fühlte sich kraftlos, verwirrt und zornig.

Als er bemerkte, in welch miserablem Zustand er sich befand, musste Tom sich bewusst dazu entschließen, sich von seiner Wut auf seinen Chef zu lösen und sich auch von dem angstbehafteten Gedanken zu verabschieden, dass es möglicherweise nicht zu dem geplanten Vertragsabschluss kommen würde. Er durfte seine Gedanken nicht länger auf die Vergangenheit oder die Zukunft ausrichten, sondern musste seine innere Ruhe im gegenwärtigen Moment wiedererlangen. Kurz, er brauchte nun einen klaren Kopf.

Erster Schritt

Da er vor kurzem unsere Wake-Up-Methode erlernt hatte, war Tom in der Lage, sofort den ersten Fokussatz aufzurufen, mit dem er den Wake-Up-Prozess in Gang brachte.

> Er sagte zu sich selbst: »Ich spüre, wie die Luft durch meine Nase ein- und ausströmt . . .«, und erlaubte der assoziativen Kraft dieser Worte, die Aufmerksamkeit seines Geistes auf die Wahrnehmung der ein- und ausströmenden Luft zu lenken. Er ließ sich nicht länger von seinen Gedanken und Emotionen vereinnahmen, sondern konzentrierte sich auf die grundlegende sinnliche Wahrnehmung, ein lebendiges Geschöpf zu sein, genau jetzt und hier, auf diesem Planeten.

Die klare körperliche Wahrnehmung der Luft, die durch seine Nase ein- und ausströmte, verlagerte Toms Aufmerksamkeit augenblicklich von seiner Fixierung auf Vergangenheit und Zukunft und von seinen negativen Emotionen auf seine kraftvolle physische Präsenz.

Zweiter Schritt

Allein die Wirkung der ein- und ausströmenden Luft brachte Tom in den gegenwärtigen Moment zurück. Dort war für ihn alles in Ordnung. Aber er wusste, dass er in nur einer weiteren Minute noch mehr tun konnte, um Energie und stärkende positive Gefühle zu tanken.

Während er sich der Luft, die durch seine Nase ein- und ausströmte, weiterhin bewusst blieb, dehnte er seine Präsenz im gegenwärtigen Moment um ein weiteres Stück aus.

> Bei seinem nächsten Atemzug sagte er zu sich selbst: »Ich spüre auch die Bewegungen in meiner Brust und meinem Bauch, während ich atme . . .« Diese Worte erweiterten sein

Bewusstsein, so dass er sowohl seine Nase und seinen Kopf als auch das Volumen seiner Brust und seines Bauches wahrnahm – das Zentrum seiner physischen Existenz.

Wie wir später genauer zeigen werden, verlagerte dieser einfache Akt der Bewusstseinserweiterung Toms Aufmerksamkeit von der zweidimensionalen Welt belastender Gedanken auf die dreidimensionale Welt der sinnlichen Wahrnehmung.

Darüber hinaus versetzte diese Bewusstseinserweiterung seinen sorgenvollen und ängstlichen Gedanken den Todesstoß – denn wie die Kognitionspsychologie gezeigt hat, können wir uns nicht Gedanken über die Vergangenheit oder die Zukunft machen und gleichzeitig zwei oder mehr Sinneseindrücke wahrnehmen.

Während sich Toms Bewusstsein erweiterte und dabei auch seine körperliche Lebendigkeit zu umfassen begann, nahm er sich selbst als physische Präsenz wahr, frei von allen belastenden Gedanken, die ihn geplagt hatten.

Dritter Schritt

Die ersten beiden Schritte des Wake-Up-Prozesses, wofür Tom nur drei bis vier Atemzüge benötigte, verlagern Ihre Aufmerksamkeit auf Ihre Atmung, die im gegenwärtigen Moment abläuft. Dann kam er zum dritten Schritt und erweiterte sein Bewusstsein abermals um ein entscheidendes Stück – er konzentrierte sich auf die momentanen Gefühle in seinem Herzen.

Während er sich weiterhin seiner Atmung bewusst blieb, sagte Tom die folgenden Worte zu sich, die sein Bewusstsein auf den Bereich der Emotionen und des Mitgefühls ausdehnten: »Ich bin mir meiner Gefühle im Herzen bewusst.«

Der unaufhörliche Rhythmus Ihres Herzschlags und Ihrer Atmung sind die grundlegendsten Erfahrungen von Lebendigkeit. Und die Gefühle in Ihrem Herzen repräsentieren die emotionale Gestimmtheit, von der Ihre Präsenz in der Arbeit geprägt ist.

> Wenn Sie auch an Ihrem Arbeitsplatz Einfühlungsvermögen zeigen und positive Gefühle ausstrahlen wollen, ist es wichtig, Ihre Aufmerksamkeit im dritten Schritt bewusst auf die Gefühle in Ihrem Herzen zu lenken.

Wie die meisten Menschen, die sich nach einer traumatischen Erfahrung auf die Gefühle in ihrem Herzen einschwingen, stellte auch Tom fest, dass sein Herz vor lauter Sorgen und Zorn kalt und verhärtet war. Aber die Verlagerung seiner Aufmerksamkeit auf sein Herz brachte einen natürlichen Prozess in Gang, der ihn plötzlich weicher machte, so dass sich gute Gefühle in seiner Brust ausbreiten konnten.

Als er feststellte, dass Zorn und Angst sein Herz vereinnahmt hatten, erinnerte Tom sich aufgrund seiner intensiven Beschäftigung mit der Wake-Up-Methode daran, dass er die positiven Gefühle in seinem Herzen vermehren konnte, wenn er sich an die Liebe zu seiner Frau erinnerte. Wie erwartet, durchströmten ihn sofort angenehme Gefühle und auch seine Atmung wurde sogleich tiefer und entspannter.

Vierter Schritt

In weniger als einer Minute war Tom also in der Lage, seine physische Präsenz zu spüren, seine belastenden Gedanken zur Ruhe zu bringen, sich zu entspannen und tiefer zu atmen. Darüber hinaus schwang er sich auf gute Gefühle in seinem Herzen ein. Jetzt war er nur noch einen Schritt davon entfernt, sich wieder rundum wohl und gestärkt zu fühlen.

> Im vierten Schritt des Wake-Up-Prozesses sagte Tom nun zu sich selbst: »Ich bin mir meines ganzen Körpers bewusst,

hier, in diesem Augenblick« – und die assoziative Kraft dieses Fokussatzes erweiterte sein Bewusstsein um die Dimension seiner ganzkörperlichen Präsenz.

Dieser Schritt erfordert etwas Übung, daher werden wir in diesem Buch mehrfach darauf zurückkommen, mit welchen Tricks man diese Bewusstseinserweiterung bewerkstelligen kann. Eigentlich ist das Umschalten auf ein ganzkörperliches Bewusstsein einfach – und es ist etwas, das Sie täglich mehrmals erleben. Wenn Sie morgens auf einem Fuß balancieren, um sich einen Strumpf anzuziehen, schalten Sie augenblicklich auf das Ganzkörperbewusstsein um. Wenn Sie innehalten, um einen schönen Moment der Ruhe auf dem Weg zur Arbeit auszukosten, wenn Sie ein leckeres Mahl genießen, beim Joggen, Tennis spielen, Kegeln oder beim Liebesspiel sind Sie vollständig auf das Hier und Jetzt konzentriert.

Viele körperliche Bewegungen und sinnliche Wahrnehmungen steuern Ihr Bewusstsein automatisch so, dass Sie die Gesamtheit der Dinge oder einer Situation auf einmal erleben. Mithilfe der Wake-Up-Technik können Sie auf dieses Gefühl allumfassender Präsenz in Ihrem Körper umschalten, wann immer Sie möchten. Dieses ganzkörperliche Gefühl ist die Basis für Ausstrahlung und Einfühlungsvermögen sowie für die Fähigkeit, etwas zu genießen. Menschen, die sich bei ihrer Arbeit ihres gesamten Körpers bewusst sind, haben eine besondere Ausstrahlung, auf die andere Menschen reagieren – und auch Sie können diese energievolle Präsenz beim Arbeiten erlangen, wann immer Sie möchten.

Toms Bewusstsein war gänzlich auf den gegenwärtigen Moment ausgerichtet, auf den ihn umgebenden Raum, seinen ruhigen Geist, das angenehme Gefühl in seinem Körper. Ein paar Augenblicke lang entspannte er sich in diesem erweiterten Bewusstseinszustand. Er streckte sich genüsslich und kostete das Gefühl aus, wieder gestärkt und voll Energie zu sein.

Innerhalb kürzester Zeit hatte er mithilfe der Wake-Up-Technik den inneren Schalter umgelegt. Nun hatte er die Situation wieder im Griff und war bereit für alles, was auf ihn zukommen würde.

Zuversichtlich griff er zum Telefonhörer und verschob seinen wichtigen Termin auf die nächste Woche. Dann ging er hinaus, um Miller zu begrüßen, mit dem er sich angeregt unterhielt. Egal, welche Hindernisse seine Umwelt ihm heute oder an einem anderen Tag in den Weg legen würde, Tom wusste, dass er seine innere Welt unter Kontrolle hatte. Voller Zuversicht würde er jeden Moment bestehen können und sogar genießen. Da er sein eigenes Wohlbefinden an die erste Stelle setzte und für innere Harmonie sorgte, konnte er seine Arbeit so gestalten, wie er es sich vorstellte.

Auch wenn der vierstufige Wake-Up-Prozess auf den ersten Blick recht einfach erscheint – mit ihm sind intensivste Erlebnisse verbunden. Es ist eine überaus befreiende Erfahrung, in nur einem Augenblick von negativen Emotionen und belastenden Gedanken auf die klare frische Luft des gegenwärtigen Moments umzuschalten. Das ist so, als würde man aus einer Folterkammer urplötzlich in die Freiheit entlassen.

Sie selbst haben die Wahl, die Kraft und die Fähigkeit, diese Art von Mind-Management anzuwenden. Sie müssen lediglich die entsprechenden Techniken einsetzen, wann immer es nötig ist, sowie die richtige Balance zwischen Erfolgsorientierung und Ihrem tieferen Wohlgefühl finden.

Balance

Erfolg	Wohlgefühl
Ziele erreichen	Zufriedenheit in der Arbeit
Finanzielle Belohnung	Mehr Energie
Beförderung	Mehr Kreativität
Karriere	Mehr Spaß
Arbeitsplatzsicherheit	Tieferer Sinn
Status	Mehr Selbstwertgefühl
Anerkennung	Innere Ruhe
	Bessere Beziehungen

Das komplette Wake-Up-Übungsprogramm: Umschalten und Energie tanken

Hier nun das vollständige Wake-Up-Übungsprogramm, das Sie immer wieder durchmachen sollten, um diese Dimension des Mind-Managements zu beherrschen. Wenn Sie eine zusätzliche Anleitung wünschen, können Sie auch gerne online gehen und sich vom Audio-Programm auf der Internetseite www.selbysolution.com auf Englisch oder auf Deutsch durch die gesamte Übung führen lassen.

Das Audio-Programm zu dieser ersten Trainingseinheit dauert vier bis fünf Minuten. Wenn Sie beginnen, den Wake-Up-Prozess zu üben, sollten Sie sich zunächst jeden Schritt einzeln vornehmen und sich intensiv damit befassen – immerhin erlernen Sie einen neuen geistigen Ablauf. Erst wenn Sie eine Weile mit dem Prozess gearbeitet und ihn verinnerlicht haben, ist Ihr Geist bereit, das Tempo zu beschleunigen.

> Sobald Sie sich an den neuen geistigen Ablauf gewöhnt haben, können Sie den gesamten Prozess schnell absolvieren – aber zunächst müssen Sie den Ablauf genügend festigen! Anschließend genügen allein die Fokussätze, um den inneren Prozess zu aktivieren.

Nehmen Sie sich also am Anfang genügend Zeit für die vollständig geführte Sitzung, die wir Ihnen nun vorstellen, und beginnen Sie erst danach, mit dem Gelernten zu experimentieren, indem Sie etwa nur noch die vier Wake-Up-Fokussätze sagen. Los geht's!

Entspannen Sie sich nun einfach und machen Sie es sich bequem ... Strecken Sie sich ein wenig, wenn Sie möchten ... Gähnen Sie, wenn Sie wollen ... Und entschließen Sie sich dazu, die Aufmerksamkeit Ihres Geistes auf Ihre ganzkörperliche Erfahrung in diesem gegenwärtigen Moment zu richten ...

Sagen Sie zu sich selbst: »Ich spüre, wie die Luft durch meine Nase ein- und ausströmt ...«, und erlauben Sie diesen Worten, Ihre Aufmerksamkeit auf diese sinnliche Erfahrung zu lenken: auf die einströmende Luft ..., die ausströmende Luft ...
Dehnen Sie Ihr Bewusstsein aus, um auch das Volumen in Ihrem Kopf wahrzunehmen ...
Entspannen Sie Ihren Kiefer ..., Ihre Zunge ..., Ihre Gesichtsmuskeln ...
Lassen Sie Ihre Gedanken ruhig werden ... und erlauben Sie Ihrem Geist, von einem Gefühl innerer Ruhe erfüllt zu werden ...

Und während Sie sich des Gefühls der Luft bewusst bleiben, die durch Ihre Nase ein- und ausströmt, sagen Sie zu sich selbst: »Ich spüre auch die Bewegungen in meiner Brust und meinem Bauch, während ich atme ...«
Dehnen Sie Ihr Bewusstsein aus, um auch diese Bewegungen wahrzunehmen ...
Strengen Sie sich beim Atmen nicht an ..., lassen Sie Ihre Atmung sich entspannen ... und erleben Sie, wie das Volumen in Ihrer Brust und Ihrem Bauch sich mit jedem Atemzug vergrößert und wieder verkleinert ...
Nehmen Sie Ihre gesamte Atemerfahrung auf einmal wahr ...

Um nun Gefühle der Empathie zu erwecken, sagen Sie zu sich selbst: »Ich bin mir meiner Gefühle im Herzen bewusst ...«
Erleben Sie das, was Sie genau jetzt in Ihrem Herzen vorfinden und was es auch sein mag, inmitten Ihrer Atmung ...
Akzeptieren Sie Ihre momentanen Gefühle ..., atmen Sie in sie hinein ..., richten Sie Ihre Aufmerksamkeit darauf ..., lassen Sie Ihre Gefühle lockerer werden ...
Lassen Sie sie entspannen ..., sich verändern ... und ausdehnen ...
Fördern Sie nun die guten Gefühle in Ihrem Herzen ...

Denken Sie an einen Menschen (einen Freund, ein Familienmitglied oder Ihren Partner), für den Sie Liebe empfinden ...
Lassen Sie zu, dass dieses gute Gefühl sich in Ihrem Herzen ausbreitet ...

Sagen Sie nun: »Ich bin mir meines ganzen Körpers bewusst, hier, in diesem Augenblick ...«
Erlauben Sie Ihrem Bewusstsein sich auszudehnen, so dass es auch Ihre Füße umfasst ..., Ihre Hände ..., Ihre Knie ..., Ihren Kopf ..., Ihren Rücken ..., Ihre Zehen ..., Ihr Herz ..., Ihre Atmung ..., Ihre Haut ..., Ihren ganzen Körper, hier, in diesem gegenwärtigen Moment ...

Ihre Atmung ist nun gleichmäßig und entspannt ...
Ihr Geist ist ruhig ...
Ihrem Herzen geht es gut ...
Ihr ganzer Körper ist geschmeidig und aufnahmefähig ...
Sie sind nun offen für neue Erkenntnisse ..., für kreative Geistesblitze ...
Befreien Sie Ihren Geist ... und öffnen Sie sich für eine neue Erfahrung ...

Strecken Sie sich nun ein wenig, wenn Sie möchten, öffnen Sie Ihre Augen, falls sie geschlossen sind ...
Und während Sie nun beginnen, sich wieder voll Ihrer Arbeit zu widmen, können Sie alle Erkenntnisse einfließen lassen, die Sie möglicherweise erlangt haben ...
Sie fühlen sich weiterhin entspannt ..., voll Energie ..., Sie sind freundlich ..., wachsam ..., kreativ ... und in Harmonie mit Ihrem Team ...

Halten Sie inne & erleben Sie

Teil zwei

Auf dem Weg zu Spitzenleistungen

Sich gut fühlen bei der Arbeit

Sie haben nun einen ersten Eindruck, wie diese neue Methode in der Arbeit funktioniert und welche Wirkung sie haben kann. Der Wake-Up-Prozess, den wir Ihnen in Teil eins vorgestellt haben, versetzt Sie in die Lage, schnell und sicher auf den gegenwärtigen Moment umzuschalten, so dass Sie aufmerksam sind, klar denken und Ihrer Arbeitswelt positiv begegnen können.

Dieser vierstufige Wake-Up-Prozess dient als Basis für alle weiteren Dinge, die Sie in diesem Buch lernen. Mithilfe dieses kognitiven Instrumentariums können Sie aktiv alle Herausforderungen Ihres Arbeitslebens angehen.

> Wir erwarten nicht von Ihnen, dass Sie unsere Darstellung des Wake-Up-Prozesses einmal durchlesen und alles sofort verstehen und umsetzen können. Sie lernen hier, mit einem wichtigen Rüstzeug für Ihr berufliches Leben umzugehen – und wie alle wichtigen Dinge erfordert auch der Wake-Up-Prozess etwas Zeit (zirka zwei vergnügliche Wochen).

Ihr Verständnis für diese Methode wird sich immer mehr vertiefen und wir werden Sie durch den gesamten Lernprozess begleiten – bis Sie alles verstanden haben. In diesem Kapitel werden wir einige zusätzliche Aspekte der Wake-Up-Technik erläutern sowie den zweiten und letzten Teil unserer Mind-Management-Methode, den so genannten »Take-Charge-Prozess« vorstellen.

> Der siebenstufige Take-Charge-Prozess versetzt Sie in die Lage, sich in nur zwei bis drei Minuten von Arbeitssorgen und hinderlichen Auffassungen zu lösen und eine solide Verbindung zu Ihren höheren geistigen Kräften herzustellen. Sie können auf Empathie, Intuition, Kreativität oder Ausstrahlung umschalten, je nachdem, was Sie gerade benötigen, um erfolgreich zu sein und sich gleichzeitig bei Ihrer Arbeit gut zu fühlen.

Der Entschluss, sich gut zu fühlen

Bevor Sie mit der siebenstufigen Take-Charge-Methode beginnen, sollten Sie stets den Wake-Up-Prozess durchlaufen haben, um sich zu sammeln und Ihre Kraft im gegenwärtigen Moment wieder zur Verfügung zu haben. Wenn Sie dann mit der Take-Charge-Methode beginnen, werden Sie feststellen, dass der erste Schritt Ihnen ein noch besseres Gefühl verleihen wird.

Arbeiten und sich dabei wohl fühlen – passt das überhaupt zusammen? Ist das im Rahmen der »ernsten« Arbeitswelt eine nicht etwas hedonistisch anmutende Einstellung?

Traditionell gehörte es eher selten zur Strategie eines Unternehmens, Angestellte dazu aufzufordern, sich zu entspannen und sich in ihrem Körper zu Hause zu fühlen. Man ging im Allgemeinen davon aus, dass Arbeit eben anstrengend ist und dass die Angestellten es nicht leicht haben, die Produktivität und die eigene Leistung zu steigern. Der Weg zum Erfolg schien zwangsläufig mühsam, hart umkämpft und voller Hindernisse zu sein.

Mittlerweile verabschieden sich die meisten Unternehmen von der Vorstellung, dass die Arbeit keinen Spaß machen soll, da psychologische Untersuchungen immer deutlicher beweisen: Wir erbringen die besten Leistungen, wenn wir uns so weit entspannen, dass wir uns in unserem Körper wohl fühlen – und nicht etwa, wenn wir ständig gedanklich irgendwo festhängen oder emotional unzufrieden sind.

Woran liegt das? Zum einen ist unsere Atmung tiefer, wenn wir uns körperlich und emotional gut fühlen. So gelangt mehr Sauerstoff in unser Gehirn und unsere geistige Leistung verbessert sich. Zum anderen werden unsere integrativen mentalen Funktionen angeregt, wenn wir uns entspannen und auf einen erweiterten Bewusstseinszustand umschalten. Folglich haben wir tolle Ideen und Erkenntnisse, die uns ein befriedigendes Gefühl vermitteln.

> Wenn uns die Arbeit Spaß macht, sind wir automatisch produktiver, unsere Beziehungen zu anderen Menschen verbessern sich und wir haben großartige Einfälle.

Kommunikation und Gedankenaustausch bilden heutzutage Schwerpunkte in der Arbeitswelt. Wie Studien gezeigt haben, sind wir bei der Kommunikation mit anderen Menschen, bei Verkaufsgesprächen, Verhandlungen und Teamaktivitäten viel erfolgreicher, wenn wir uns in unserem Körper wohl fühlen und positiv gestimmt sind.

Der erste Schritt besteht also darin, die Bedeutung, sich in der Arbeit gut zu fühlen, nicht zu unterschätzen – und sich bewusst dafür zu entscheiden, regelmäßig für Wohlbefinden zu sorgen. Die erste Stufe des Take-Charge-Prozesses erfüllt diese Aufgabe. Sie baut auf der Wake-Up-Erfahrung auf und führt zu einem erweiterten, noch angenehmeren Bewusstseinszustand.

Die Kernfrage an diesem Punkt lautet, wie es gelingen kann, dass wir uns bei der Arbeit von einem Moment zum anderen lebendiger und erfüllter fühlen. Wie lassen sich unsere Stimmung, unsere geistigen Leistungen und unser körperliches Befinden schnell verbessern?

Bei der Beschäftigung mit diesem Thema bestand die Herausforderung für uns darin, den grundlegenden mentalen Umschaltprozess zu identifizieren, mit dem wir uns von negativen Gefühlen lösen können, egal, wo wir gerade sind oder was wir gerade tun.

Was bedeutet es, sich gut zu fühlen beziehungsweise, umgekehrt, sich niedergeschlagen oder schlecht oder gelähmt zu fühlen oder gar nichts zu empfinden?

> Zunächst müssen wir uns unseres Körpers im gegenwärtigen Moment bewusst sein. Sich gut zu fühlen ist stets ein Hier-und-Jetzt-Ereignis. Es ist außerdem eine sinnlich wahrnehmbare Erfahrung – wir erleben unsere Gefühle stets als körperliche Empfindungen, nicht als etwas Gedankliches, Geistiges.

Daher besteht der erste Schritt, um sich besser zu fühlen, stets in der bewussten Entscheidung, seine Aufmerksamkeit auf die Quelle der guten Gefühle zu richten – auf die körperliche Erfahrung, die genau jetzt stattfindet.

Die Funktion der Fokussätze

Die so genannten »Fokussätze« sind die wichtigsten Werkzeuge für diesen mentalen Umschaltprozess. Es handelt sich dabei um kurze verbale Aussagen, die Ihre Absicht klar zum Ausdruck bringen und Ihre Aufmerksamkeit somit in eine bestimmte Richtung lenken.

> Die Kognitionspsychologie hat herausgefunden, dass der Geist bereitwillig tut, was man ihm sagt. Allerdings muss man zunächst seine Absicht verbalisieren und sorgsam ausgewählte Worte dafür verwenden, damit die gewünschte Reaktion eintritt.

Wenn Sie sich während der Arbeit zum Beispiel von belastenden Gedanken und Emotionen befreien möchten, ist der beste Ansatzpunkt, sich auf Ihre Atmung zu konzentrieren. Und die wirksamsten Worte, um Ihre Aufmerksamkeit unmittelbar auf Ihre Atmung zu richten, lauten: »Ich spüre, wie die Luft durch meine Nase ein- und ausströmt ...« Diese Absichtserklärung wirkt kurz und einfach – und genau das soll sie auch sein. Wenn Sie inmitten einer hektischen Arbeitssituation eine grundlegende Bewusstseinsveränderung bewirken wollen, benötigen Sie einen möglichst kurzen und einfachen Fokussatz. Sagen Sie genau, was Sie tun möchten – und tun Sie es dann!

> Fokussätze sind nicht darauf ausgerichtet, tiefe Gedanken oder Reflexionen anzuregen – vielmehr sollen sie die Aufmerksamkeit Ihres Geistes unmittelbar verlagern. Sie müssen lediglich die Worte aussprechen und zulassen, dass sie den gewünschten Umschaltprozess einleiten.

Es ist nicht nötig, die Fokussätze laut auszusprechen. Sie sollen im Büro ja keine Absichtserklärungen zum Himmel hinaufrufen. Sagen Sie die Worte zu sich selbst, so dass Sie sie leicht in Ihren Stimmbändern, Ihrem Hals und auf den Lippen spüren.

Wenn Sie die Worte nur »denken«, wird fast nichts passieren. Eine besondere Kraft entsteht, wenn Sie sie tatsächlich aussprechen. Das Denken läuft in Ihrem Geist ab. Beim Sprechen (selbst wenn es nicht hörbar ist) handelt es sich um ein ganzkörperliches Geschehen im gegenwärtigen Moment. Und um Ihrer Absicht Kraft zu verleihen, müssen Sie sie artikulieren.

> Sagen Sie die verschiedenen Fokussätze jeweils beim Ausatmen – beim anschließenden Einatmen schwingen Sie sich mit ruhigem Geist auf die Erfahrung ein, die von den Worten hervorgerufen wird.

So sieht die grundlegende Dynamik der gesamten Methode aus: Sie sagen beim Ausatmen einen Fokussatz und öffnen sich dann, während Sie einatmen, für die Erfahrung, die unmittelbar darauf in Ihrem Geist entsteht. Und wenn Sie die Wirkung des Fokussatzes noch ein bis zwei Atemzüge länger erleben möchten, ist das natürlich in Ordnung.

Verfahren Sie genauso mit dem nächsten Fokussatz des Prozesses: Sagen Sie ihn beim nächsten Ausatmen. Schwingen Sie sich dann wieder ruhig auf die Erfahrung ein, die als Reaktion auf den Fokussatz entsteht. Sie werden überrascht sein, wie schnell Ihr Geist sich plötzlich in die Richtung verlagert, die der Fokussatz vorgibt, wenn Sie die Methode gut beherrschen.

Der Prozess in Aktion

Wir wollen dies nun in der Praxis erkunden. Sie haben die vier Fokussätze in der geführten Sitzung des Wake-Up-Prozesses am Ende von Teil eins kennen gelernt. Wir gehen den gesamten Prozess im Lauf der folgenden Kapitel Schritt für Schritt mit Ihnen durch, so dass Sie die vier Sätze auswendig lernen und mit dem Üben beginnen können.

Der erste Wake-Up-Schritt

Der erste Schritt, um sich in seinem Körper im gegenwärtigen Moment wieder lebendig zu fühlen, besteht stets darin, die Aufmerksamkeit auf das Gefühl des Ein- und Ausströmens der Luft durch die Nase zu richten. Sie müssen überhaupt nichts »tun«, um sich auf diese Erfahrung einzuschwingen, und selbst während Sie diese Worte lesen, können Sie beim nächsten Ausatmen sagen: »Ich spüre, wie die Luft durch meine Nase ein- und ausströmt ...«

> Spüren Sie die Worte unterschwellig in Ihrem Hals und auf Ihren Lippen, während Sie sie sagen, und erlauben Sie beim nächsten Einatmen Ihrer Aufmerksamkeit, auf Ihre Absichtserklärung zu reagieren und sofort auf das Erlebnis des Atmens umzuschalten ...

In nur einem Atemzug können Sie also etwas ziemlich Erstaunliches bewirken: Sie lösen sich augenblicklich von bestimmten Fixierungen und Stimmungen und richten Ihre Aufmerksamkeit ganz auf die Wahrnehmung jenes lebenserhaltenden Aktes. Sie nehmen Ihre physische Präsenz im Hier und Jetzt unmittelbar wahr.

Stellen Sie sich vor, Sie arbeiten an Ihrem Schreibtisch oder warten auf einen Termin, vielleicht warten Sie auch am Telefon darauf, dass man Sie verbindet, oder Sie bedienen einen Kunden oder sind gerade in einer Sitzung. Sie bemerken, dass sich Ihre Stimmung verschlechtert hat und Ihre geistige Energie nachlässt. Sie entschließen sich daher, auf eine kreativere, angenehmere, kraftvollere Präsenz umzuschalten, und leiten den inneren Prozess ein, der Ihr Erleben positiv verändert.

Sie sagen die Worte: »Ich spüre, wie die Luft durch meine Nase ein- und ausströmt ...«, und sofort geschieht etwas in Ihrem Geist. Ihr Bewusstsein dehnt sich aus und Sie werden in die sich stets verändernde Realität des gegenwärtigen Moments hineinkatapultiert. Sie sind wieder Herr Ihrer Sinne. Und während Sie sich Ihres Atmens bewusst werden, verändern sich Ihre Atemzüge: Sie entspannen sich, werden tiefer und erzeugen bessere Gefühle in Ihrem Körper.

All Ihre Emotionen drücken sich unmittelbar in Ihrer Atmung aus: Sie ist entweder hektisch oder entspannt, flach oder tief, inspiriert oder deprimiert. Wenn Sie die Kontrolle über Ihre Gefühle übernehmen wollen, müssen Sie sich zunächst auf Ihre Atmung konzentrieren.

Mithilfe der Fokussätze können Sie den Umschaltprozess mühelos herbeiführen. Probieren Sie es noch einmal aus. Sagen Sie, sogar während Sie diese Worte lesen, zu sich selbst: »Ich spüre, wie die Luft durch meine Nase ein- und ausströmt . . .«, und beobachten Sie, wie Ihre Aufmerksamkeit sich tatsächlich auf diese sinnliche Wahrnehmung verlagert.

Wir wollen nun eine Pause einlegen, damit Sie den Prozess selbst erleben und üben können. Denn nur Übung macht den Meister. Nehmen Sie sich Zeit dafür.

Genau jetzt, sogar während Sie diese Worte lesen, können Sie Ihr Bewusstsein erweitern, um das Gefühl des Atems in Ihrer Nase wahrzunehmen, die Luft, die einströmt . . . und ausströmt . . .

Sagen Sie einfach zu sich selbst: »Ich spüre, wie die Luft durch meine Nase ein- und ausströmt . . .«, und erlauben Sie den Worten, Ihre Aufmerksamkeit ganz auf diese sinnliche Wahrnehmung zu lenken . . .

Und während Sie sich des Gefühls in Ihrer Nase bewusst bleiben, dehnen Sie Ihr Bewusstsein weiter aus, um auch Ihre Kiefermuskeln wahrzunehmen . . ., Ihre Zunge . . ., Ihre Augen . . ., das Volumen in Ihrem Kopf . . ., die Sie umgebende Luft . . .

Lassen Sie zu, dass sich Ihre Atmung etwas entspannt . . ., und geben Sie sich die Erlaubnis, sich gut zu fühlen, genau jetzt . . .

Halten Sie inne & erleben Sie

Eine Dimension dazugewinnen

Im reinen Denken gibt es keinen Raum, keine Tiefe, keine Perspektive und keine sinnliche Wahrnehmung. Es ist eine auf die Vergangenheit oder die Zukunft ausgerichtete Funktion des Geistes – eine Reduktion von der dreidimensionalen sinnlichen Realität auf die zweidimensionale symbolische Realität. Lösungsorientiertes Denken und Brainstorming sind freilich hervorragend dazu geeignet, um Pläne zu entwickeln, über die Ziele eines Unternehmens oder den Sinn des Lebens nachzudenken. Aber nichts lässt sich damit vergleichen, plötzlich drei Dimensionen wahrzunehmen und sinnlich zu erfahren, was es heißt, im eigenen Körper lebendig zu sein.

Solange Ihre Aufmerksamkeit auf den Gedankenstrom in Ihrem Kopf fixiert ist, nehmen Sie den gegenwärtigen Moment nicht sinnlich wahr. Doch sobald Sie die »Sesam-öffne-dich-Worte« sagen: »Ich spüre, wie die Luft durch meine Nase ein- und ausströmt«, verschiebt sich Ihre Aufmerksamkeit um das kleine körperliche Stück vom Gehirn zur Nase. Während Sie wahrnehmen, wie die Luft durch Ihre Nase ein- und ausströmt, dehnt sich Ihr Bewusstsein fast automatisch immer ein bisschen weiter aus, bis es eine Dimension dazugewonnen hat.

Wenn Sie schon ein wenig geübt sind, werden Sie Folgendes feststellen: Sobald Sie sich auf die Atemerfahrung in Ihrer Nase eingeschwungen haben, werden Sie sich auch Ihres Kiefers, Ihrer Zunge sowie der Gesichtsmuskeln um die Augen herum bewusst. Wenn diese Muskeln angespannt waren, werden sie nun locker – und dazu bedurfte es nicht mehr als eines bewussten Atemzugs sowie eines wirksamen Fokussatzes.

Ganze Meditationstraditionen (vor allem im Hinduismus und Buddhismus) basieren auf dieser einfachen Aufmerksamkeitsverlagerung von den Gedanken auf die durch die Nase ein- und ausströmende Luft. Wenn Ihr Unternehmen ein Trainingsprogramm zur Entspannung am Arbeitsplatz anbietet, haben Sie diese grundlegende Meditationstechnik vielleicht schon einmal ausprobiert. Allerdings fällt es den meisten Menschen schwer, einfach nur dazusitzen und wahrzunehmen, wie die Luft durch ihre Nase ein- und ausströmt – so dass sie schnell wieder ins Denken zurückgleiten.

Wir haben herausgefunden, dass der menschliche Geist es quasi »genießt«, sich für viele verschiedene Dinge gleichzeitig zu öffnen. Doch bedeutet es nicht, wirklich lebendig zu sein, wenn wir uns unseres gesamten Seins auf einmal bewusst sind? Dann sind wir wach und vital im gegenwärtigen Moment präsent.

Das ist auch das Geheimnis jeder charismatischen Führungspersönlichkeit: dass sie auf lebendige Weise im dreidimensionalen Hier und Jetzt präsent ist, eine Verbindung zu ihren positiven Gefühlen hat und beeindruckende Visionen sowie eine große persönliche Energie entwickelt.

Die Gedanken zur Ruhe bringen

Der zweite Schritt zur Erweiterung des Bewusstseins schließt sich logisch an den ersten an: Ihre Aufmerksamkeit folgt der Luft in die Lungen hinab und schwingt sich auf die Wahrnehmung der Bewegungen ein, die bei jedem Atemzug in Brust und Bauch erzeugt werden.

Das Bewusstsein nimmt somit eine ganze Reihe von sinnlichen Reizen wahr, was sich wiederum unmittelbar beruhigend auf den Geist und die Flut von Gedanken auswirkt, die ihn meist durchströmen. Wenn wir anhaltend gute geistige Leistungen erbringen möchten, müssen wir regelmäßig auf einen ruhigen Geisteszustand umschalten. Nur so können wir unser Denken auf einer höheren Kreativitätsebene reaktivieren.

Studien haben gezeigt, dass es nicht möglich ist, einen logischen Gedankengang fortzusetzen, wenn man sich gleichzeitig auf zwei oder mehr sinnliche Wahrnehmungen konzentriert. Sobald Sie also die Bewegungen in Ihrer Brust und Ihrem Bauch wahrnehmen, während Sie atmen, tun Sie genau das: Sie beruhigen Ihren Geist ...

Haben Sie sich je gefragt, warum Sie in einen wunderbaren transzendenten Zustand gleiten, wenn Sie Musik hören? Denken Sie nur an die komplexen, verschlungenen Melodien und Harmonien von Bach oder Beethoven: Wenn Sie sich auf zwei oder mehr Harmonien konzentrieren, erzeugen Sie, psychologisch betrachtet, einen Kurzschluss in Ihrem chronischen Gedankenstrom und erreichen einen mentalen Zustand, in dem Ihre Gedanken ruhig sind und Ihre Stimmung sich verbessert. Trotzdem ist es leichter gesagt als getan, den unaufhörlichen Gedankenstrom zur Ruhe zu bringen. Häufig dauert es zehn Jahre anstatt zwei Wochen, um traditionelle Meditationstechniken vollends zu beherrschen.

Der zweite Wake-Up-Schritt

Wir kommen nun zum zweiten Fokussatz, mit dem Sie Ruhe in Ihre Gedanken bringen.

> Sagen Sie zunächst zu sich selbst: »Ich spüre, wie die Luft durch meine Nase ein- und ausströmt . . .«, und erleben Sie dieses Gefühl ein bis zwei Atemzüge lang. Sagen Sie dann: »Ich spüre auch die Bewegungen in meiner Brust und meinem Bauch, während ich atme . . .«, und erlauben Sie Ihrem Bewusstsein sich auszudehnen, um all die Empfindungen in Ihrer Brust und Ihrem Bauch einzuschließen, die durch das Ein- und Ausatmen erzeugt werden.

Plötzlich konzentrieren Sie sich gleichzeitig auf zwei (aber eigentlich auf sehr viele) Wahrnehmungen in Ihrem Körper. Dies wird Ihren Gedankenstrom vorübergehend ganz stoppen, während Ihr Bewusstsein sich ausdehnt, um auch Ihren Kopf, Ihre Brust und Ihren Bauch wahrzunehmen – und zwar gleichzeitig.

Dieser mentale Sprung vom Denken zum Erleben kann dramatisch sein, da er Sie zur unmittelbaren Begegnung mit dem gegenwärtigen Moment führt.

Es bedarf etwas Übung, um diesen Umschaltprozess in zwei Schritten gut zu beherrschen. Wir werden Sie immer wieder durch diesen grundlegenden inneren Prozess führen, um sicherzustellen, dass Sie ihn in den nächsten Wochen wirklich verstehen und für sich umsetzen können.

Übung macht den Meister, und das ist unser Ziel: das Meistern dieser neuen Mind-Management-Technik.

Wir wiederholen diese ersten beiden Schritte nun ein weiteres Mal:

Während Sie jetzt weiterlesen, sollten Sie mit dem Üben beginnen und beim nächsten Ausatmen zu sich selbst sagen: »Ich spüre, wie die Luft durch meine Nase ein- und ausströmt ...« Und während Sie einatmen, erlauben Sie diesen Worten, die gesamte Aufmerksamkeit Ihres Geistes auf die Empfindungen in Ihrer Nase zu richten ... Atmen Sie ein ..., atmen Sie aus ..., atmen Sie erneut ein ...

Und wenn Sie bereit sind, dann sagen Sie zu sich selbst: »Ich spüre auch die Bewegungen in meiner Brust und meinem Bauch, während ich atme ...« Erlauben Sie Ihrem Bewusstsein, sich auszudehnen, so dass es sowohl das Gefühl des Atems in Ihrer Nase als auch die Bewegungen in Brust und Bauch wahrnimmt, die durch jeden neuen Atemzug entstehen ...

Während Sie mühelos weiteratmen, lösen Sie sich nacheinander von Ihren Fixierungen auf einzelne Punkte, entspannen Sie sich und erlauben Sie Ihrem Bewusstsein sich auszudehnen, um »alles auf einmal« wahrzunehmen ... Genießen Sie das Gefühl des Volumens in Kopf und Brust und Bauch ...

Erlauben Sie Ihrer Atmung, sich zu entspannen und tiefer zu werden ... Und erlauben Sie sich, die Erfahrung zu genießen, genau jetzt genau hier zu sein, in diesem gegenwärtigen Moment ... Machen Sie eine geistige Pause ... Atmen Sie sich in die Klarheit und Kraft hinein ...

Halten Sie inne & erleben Sie

Die Kraft des Herzens erwecken

Wie Sie gerade gesehen haben, können Sie sich während der Arbeit innerhalb weniger Atemzüge ganz auf das Hier und Jetzt einlassen. Manchmal werden Sie in einer hektischen Arbeitssituation auch nicht mehr Zeit zur Verfügung haben. Aber es gibt noch zwei weitere wichtige Schritte im Wake-Up-Prozess. Falls möglich, sollten Sie gleich den dritten Schritt anschließen, um wieder präsent und voller Energie zu sein.

Diese dritte Erweiterung Ihres Bewusstseins führt inmitten des Berufsstresses fast immer zu einer für die Arbeit wertvollen Erfahrung. Schließlich ist es ein Unterschied wie Tag und Nacht, ob Sie unmittelbar auf die Gefühle in Ihrem Herzen eingeschwungen sind oder eben nicht.

Leider gehen viele Menschen durch ihren Arbeitstag, ohne je eine Verbindung zu ihrem Herzen herzustellen. Das bedeutet im Klartext, dass sie ihre Arbeit auf »herzlose« Weise erledigen – und die Ergebnisse können verheerend sein.

Die meisten Menschen sind sich darin einig, dass das Leben ohne Wärme und Mitgefühl leer wäre. Das Herz ist der Ort, an dem wir Gefühle der Liebe, des Vertrauens, der Weisheit, Hoffnung, Freude und Geborgenheit erleben.

Jede Führungskraft, die meint, diese elementaren Gefühle spielten keine Rolle für den Erfolg eines Unternehmens, hat wenig vom Arbeitsleben verstanden, denn dies sind die Schlüsselelemente, die zu Teamgeist und Ideen und dem tiefen inneren Wissen führen, dass die eigenen Entscheidungen richtig und gut sind.

Was können Sie tun, um in der Arbeit die Kraft Ihres Herzens zu aktivieren?

Lernen Sie einfach den wirksamsten Fokussatz auswendig. Sagen Sie zu sich: »Ich bin mir meiner Gefühle im Herzen bewusst . . .«, und erlauben Sie diesen Worten, ihre assoziative Kraft zu entfalten und Ihr Bewusstsein auszudehnen, so dass Sie inmitten Ihrer Atemerfahrung den Gefühlen in Ihrem Herzen begegnen, egal, wie diese auch aussehen mögen.

Natürlich wird es sich nicht immer gut anfühlen, wenn Sie sich auf Ihr Herz einschwingen – es wurde möglicherweise so lange ignoriert oder vernachlässigt, dass es verletzt oder gefühllos geworden ist.

Aber warum geht es Ihrem Herzen schlecht? Nun, wahrscheinlich haben Sie ihm keine liebevolle Aufmerksamkeit geschenkt, sondern sich stattdessen auf negative Gedanken und Erinnerungen konzentriert, die Gefühle von Verletzung, Einsamkeit, Aggression in Ihrem Herzen erzeugt haben.

Der dritte Wake-Up-Schritt

Wenn Sie beim dritten Schritt des Wake-Up-Prozesses angelangt sind und feststellen, dass schmerzliche Gefühle in Ihrem Herzen dominieren, dann ist es wahrlich an der Zeit, etwas dagegen zu unternehmen. Ohne ein glückliches Herz geht Ihre Erfolgsgleichung nicht auf, denn dann fehlen Ihnen persönliche Kraft, Ausstrahlung, Kommunikationsfähigkeit sowie tiefe Weisheit.

Beachten Sie aber bitte, dass wir Sie nicht dazu auffordern, Sätze zu sagen wie »Jeden Tag fühlt sich mein Herz etwas besser« oder ähnliche Wunschvorstellungen. Bei den Fokussätzen handelt es sich nicht um positive Affirmationen! Wir arbeiten nie mit positiven Affirmationen, da sie in der Regel nicht mit der Realität übereinstimmen. Und das ist fast immer kontraproduktiv.

Fokussätze sind das Gegenteil von positiven Affirmationen. Sie zielen nicht auf eine Fantasievorstellung ab, die Sie gerne erfüllt sehen würden. Sie machen Sie vielmehr auf ein realistisches Potenzial aufmerksam, das bereits in Ihnen existiert.

Die Fokussätze zeigen Ihnen jene Richtungen und Orte, auf die Sie die Kraft Ihrer Aufmerksamkeit lenken können. Sie wurden einzig und allein dazu entwickelt, Ihnen zu helfen, sich auf die Erfahrungen und mentalen Funktionen zu konzentrieren, die Ihnen am dienlichsten sind.

Beim dritten Schritt des Wake-Up-Prozesses entscheiden Sie sich dafür, Ihre Aufmerksamkeit direkt auf die Gefühle in Ihrem Herzen zu richten, egal, wie diese auch aussehen mögen.

Häufig werden Sie dabei auf verletzte, angstbehaftete, wütende oder hoffnungslose Gefühle stoßen, die Ihre geistige Klarheit, Ihre Kommunikationsfähigkeit und Kreativität beeinträchtigen. Egal, ob Sie diese Emotionen bewusst wahrnehmen oder nicht, sie mindern Ihre Arbeitsenergie und trüben Ihre Stimmung. Wenn Sie solche Gefühle verdrängen, verschwinden sie deshalb noch lange nicht – im Gegenteil, sie verwurzeln sich nur noch stärker und beeinträchtigen alles, was Sie tun.

Doch sobald Sie zu sich selbst sagen: »Ich bin mir meiner Gefühle im Herzen bewusst«, und die liebevolle Aufmerksamkeit Ihres Geistes bewusst nach innen richten, geschieht etwas beinahe Magisches: Die negativen Gefühle beginnen zu heilen und lösen sich auf.

> Die wahre Heilerin unserer Anspannungen, Ängste und Verletzungen ist die Kraft unserer Aufmerksamkeit. Der dritte Schritt unseres Wake-Up-Prozesses aktiviert gezielt diesen emotionalen Heilungsprozess.

Wir möchten Sie nun erneut durch den Prozess führen, denn nur durch beständiges Praktizieren werden Sie ihn auch verinnerlichen.

Sagen Sie zu sich selbst: »Ich spüre, wie die Luft durch meine Nase ein- und ausströmt …«, und schwingen Sie sich auf diese Erfahrung ein …

Sagen Sie nun: »Ich spüre auch die Bewegungen in meiner Brust und meinem Bauch, während ich atme …«, und dehnen Sie Ihr Bewusstsein aus, um auch Ihre tiefe Atmung zu erleben …

Sagen Sie nun zu sich selbst: »Ich bin mir meiner Gefühle im Herzen bewusst …«, und dehnen Sie Ihr Bewusstsein aus, um sich auch auf diese essenzielle Dimension Ihres Lebens einzuschwingen …

Bewerten Sie nicht, was Sie in Ihrem Herzen vorfinden ..., akzeptieren Sie es ... Atmen Sie in die Gefühle hinein ..., seien Sie offen für Veränderung und Heilung ... und lassen Sie positive Gefühle in Ihr Herz strömen ...

Halten Sie inne & erleben Sie

Der vierte Wake-Up-Schritt

Der gesamte Wake-Up-Prozess ist so angelegt, dass Sie ihn sehr schnell durchführen können. Sie benötigen maximal ein bis zwei Minuten. Ja, Sie sollen ihn sogar zügig absolvieren und nie zu lange bei einem bestimmten Fokus (Atmung, Brust, Bauch, Herz) verweilen. Dafür gibt es zwei Gründe: Zum einen soll der Prozess Ihnen einen sofortigen Energieschub liefern, und zum anderen funktioniert er am besten, wenn Sie ihn rasch durchlaufen.

Die einzelnen Schritte des Wake-Up-Prozesses bauen aufeinander auf und erst nach dem vierten Schritt werden Sie die volle Wirkung spüren.

Der vierte Schritt vermittelt Ihnen ein so genanntes »Flow-Erlebnis«. Bei der Arbeit »im Fluss« zu sein bedeutet, eine ganzheitliche Erfahrung zu machen, bei der Körper und Geist eine Einheit bilden und Sie in der Lage sind, zuversichtlich und spontan im gegenwärtigen Moment zu agieren.

Diese Bewusstseinsqualität erleben Sie nur dann, wenn Ihre Gedanken vorübergehend ruhig werden, wenn Ihr Herz von einem Gefühl des Angenommenseins und der Empathie erfüllt ist, wenn Ihr Körper vollkommen präsent ist und wenn Ihre intuitive Bewusstseinsfunktion das Ganze auf einmal wahrnimmt.

> Dieser Zustand von Geist und Körper, bei dem alles eins und zugleich ist, ermöglicht die spontanen Erkenntnisse und richtigen Handlungsweisen, die alle wahren Führungspersönlichkeiten auszeichnen.

Der vierte Fokussatz lautet: »Ich bin mir meines ganzen Körpers bewusst, hier, in diesem Augenblick ...« Wie wir bereits erwähnt haben, ist Ihr Geist normalerweise nur punktuell ausgerichtet. Sie konzentrieren sich jeweils nur auf ein Wort oder einen Satz, wenn Sie lesen oder schreiben, oder Sie fassen jeweils nur einen Gedanken. Und wenn Sie etwas betrachten, nehmen Sie in der Regel einen Punkt nach dem anderen wahr und erzeugen aus den verschiedenen Punkten dann ein Gesamtbild. Für logisches Denken ist dies ein ausgesprochen hilfreiches Verfahren.

Allerdings besitzen Sie auch die – überwiegend latente – Fähigkeit, das Ganze auf einmal wahrzunehmen. Daraus entspringen Intuition und Weisheit, ästhetischer Genuss, künstlerische Inspiration, dynamische Kommunikation und wahre Führungsqualitäten.

Da wir während der Arbeit größtenteils konzentriert und linear denken, stellen wir mit dem Wake-Up-Prozess eine größere Ausgewogenheit zwischen der Fixierung auf einzelne Punkte und der Wahrnehmung des Ganzen her. Sie werden sehr davon profitieren, wenn Sie sich regelmäßig eine Pause gönnen, sich vorübergehend entspannen, auf ein ganzkörperliches Bewusstsein umschalten – und all die Kraft und angenehmen Empfindungen für sich nutzen, die inaktiv sind, wenn Sie in Punktfixierungen festhängen.

Erscheint Ihnen die Vorstellung, alles auf einmal wahrzunehmen, seltsam oder gar unmöglich? Falls Sie tatsächlich – wie die meisten Menschen – meinen, dass Sie dazu nicht imstande sind, entgegnen wir Ihnen: »Doch, Sie können es – Sie tun es sogar unentwegt!« Wenn Sie beispielsweise auf einer Straße entlanggehen, müssen Sie sich Ihres gesamten Körpers bewusst sein, um das Gleichgewicht zu wahren. Wenn Sie mit geschlossenen Augen im Stehen ein Bein hochheben, beziehen Sie Ihren gesamten Körper mit ein, sonst würden Sie umfallen. Und jedes Mal, wenn Sie eine gute Mahlzeit verzehrt haben und sich danach mit einem zufriedenen Seufzen zurücklehnen, erleben Sie dieses Einssein – denn das Gefühl der Zufriedenheit ist eine ganzkörperliche Angelegenheit.

Wenn Sie innehalten, um einen Sonnenuntergang zu betrachten, und von der Punktfixierung auf das Gesamtbild umschalten – dann beschert Ihnen das Erlebnis des Umschaltens – eher als der Sonnenuntergang selbst – ein wunderbares ganzkörperliches Vergnügen.

Genauso ist es, wenn Sie Sport treiben. Auch hier schalten Sie auf ein ganzkörperliches Bewusstsein um. Deshalb ist etwa Jogging eine so befreiende Erfahrung.

Doch leider hängen wir in unserem täglichen Leben zu sehr in Punktfixierungen fest, anstatt das Ganze auf einmal zu sehen. Vor allem in der Arbeit neigen wir durch unsere tief verwurzelten mentalen Gewohnheiten dazu, uns selbst zu blockieren, anstatt uns zu befreien, damit wir unser wahres Potenzial ausschöpfen.

Mit den mentalen Werkzeugen, deren Handhabung und Funktionsweise wir Ihnen hier vorgestellt haben, können Sie schnell und mühelos in den Flow-Zustand umschalten, wann immer Sie möchten. Wir ermuntern Sie dazu, dies in der Arbeit so oft wie möglich zu tun, bis es Ihnen gelingt, diesen erweiterten angenehmen, kreativen Bewusstseinszustand während des ganzen Arbeitstages aufrechtzuerhalten.

Es gibt einige Tipps und Tricks, mit denen Sie den vierten Umschaltprozess problemlos meistern lernen. Wir werden Ihnen zeigen, dass Sonnenuntergänge nicht der einzige Weg sind, Einssein zu erleben. Im Folgenden stellen wir Ihnen eine bewährte geführte Sitzung vor, die alle vier Wake-Up-Schritte umfasst. Sie können die Worte entweder auswendig lernen und die Übung allein durchführen oder Sie gehen auf die Internetseite und lassen sich von unseren Stimmen durch den gesamten Prozess leiten. Egal, wofür Sie sich entscheiden, Sie sollten auf alle Fälle oft genug üben, damit Sie den Umschaltprozess bald gut beherrschen.

Machen Sie es sich bequem ... Strecken Sie sich ein wenig, wenn Sie möchten ... Gähnen Sie, wenn Sie wollen ... Und beginnen Sie, sich auf die Luft einzuschwingen, die durch Ihre Nase ein- und ausströmt ... Nehmen Sie den Raum in Ihrem Kopf wahr ... Erlauben Sie Ihrem Kiefer, sich zu entspannen, Ihrer Zunge ..., Ihren Gesichtsmuskeln ...

Und während Sie sich des Gefühls der Luft bewusst bleiben, die durch Ihre Nase ein- und ausströmt, dehnen Sie Ihr Bewusstsein aus, um auch die Bewegungen in Ihrer Brust und Ihrem Bauch wahrzunehmen, während Sie atmen ... Erleben Sie das Volumen in Ihrer Brust und Ihrem Bauch, das sich mit jedem Atemzug vergrößert und wieder verkleinert ...

Seien Sie sich auch der Gefühle in Ihrem Herzen bewusst, inmitten Ihrer Atmung ... Akzeptieren Sie Ihre Gefühle ... Atmen Sie in sie hinein ... Richten Sie Ihre liebevolle Aufmerksamkeit darauf ... Lassen Sie Ihre Gefühle sich entspannen ... und fördern Sie gute Gefühle in Ihrem Herzen ... Erinnern Sie sich an jemanden, für den Sie Liebe empfinden ... Lassen Sie zu, dass diese Liebe sich in Ihrem Herzen ausbreitet ...

Sagen Sie nun: »Ich bin mir meines ganzen Körpers bewusst, hier, in diesem Augenblick ...«, und erlauben Sie Ihrem Bewusstsein sich auszudehnen, so dass es Ihre Füße umfasst ..., Ihre Hände ..., Ihre Knie ..., Ihren Kopf ..., Ihr Gesäß ..., Ihren Rücken ..., Ihre Zehen ..., Ihr Herz ..., Ihre Atmung ..., Ihre Haut ..., Ihren ganzen Körper ... hier, in diesem gegenwärtigen Moment ...

Halten Sie inne & erleben Sie

Wake-Up in der beruflichen Praxis

Stellen Sie sich vor, Sie warten in einem Vorzimmer auf eine wichtige geschäftliche Besprechung. Sie sind nervös, Ihr Kopf läuft auf Hochtouren, da Sie ständig noch einmal durchgehen, was Sie in der Besprechung sagen wollen. Sie stellen sich alle möglichen Konfliktsituationen vor und suchen krampfhaft nach Auswegen. Sie verlieren sich in Ihren Sorgen, so dass Ihre Atmung angespannt und Ihr Herz nur noch ein schwerer Klumpen ist. Zudem fühlen Sie sich körperlich total kraftlos.

Plötzlich bemerken Sie, in welch katastrophalem emotionalem und geistigem Zustand Sie sind, und einige Warnlampen leuchten auf. Es kann gut sein, dass Sie – solange Sie so »drauf« sind – bei der Besprechung alles vermasseln, obwohl Sie eigentlich sehr gut vorbereitet sind.

Jeden Moment wird sich die Tür öffnen und man wird Sie hereinbitten. Es ist höchste Zeit, innerlich aktiv zu werden! Also sagen Sie die zentralen Fokussätze und setzen Sie den Wake-Up-Prozess in Gang:

1. »Ich spüre, wie die Luft durch meine Nase ein- und ausströmt ...«
   Erleben Sie es intensiv, während Sie einatmen.

2. »Ich spüre auch die Bewegungen in meiner Brust und meinem Bauch ...«
   Erleben Sie es intensiv, während Sie einatmen.

3. »Ich bin mir meiner Gefühle im Herzen bewusst ...«
   Erleben Sie es intensiv, während Sie einatmen.

4. »Ich bin mir meines ganzen Körpers bewusst ...«
   Erleben Sie es intensiv, während Sie einatmen.

In nur vier konzentrierten Atemzügen durchlaufen Sie den gesamten Prozess. Ihre Atmung ist innerhalb von nur einer Minute entspannt, tiefer und kräftiger, Ihre Gedanken sind ruhig, Ihre Emotionen zum größten Teil frei von Ängsten. Sie haben eine ganzkörperliche Präsenz und Kraft hergestellt und gute Gefühle in Ihrem Herzen erweckt.

Die Tür öffnet sich, Sie stehen auf und gehen auf die anderen zu. Sie fühlen sich gut, stark und geistig in Höchstform. Die Besprechung verläuft großartig – die Methode funktioniert!

Doch fünfzehn Minuten später treten tatsächlich unvorhergesehene Konflikte auf. Sie beginnen erneut, sich Sorgen zu machen und merken sogar, dass Sie zornig werden und dass Ihre innere Ruhe und entspannte Haltung mehr und mehr entschwinden. Sie haben jetzt keine Zeit, sich die vier Fokussätze vorzusagen. Was können Sie also tun?

Für diesen Ernstfall gibt es einen bestimmten Fokussatz (der zugleich der erste Schritt des siebenstufigen Take-Charge-Prozesses ist). Er lenkt Ihre Aufmerksamkeit direkt auf das Ergebnis des gesamten Wake-Up-Prozesses.

Sich selbst die Erlaubnis geben: Die Soforthilfe

Diesen raschen Umschaltprozess können Sie folgendermaßen herbeiführen:

1. Wenn Sie Ihre Aufmerksamkeit von Sorgen und Stress fortlenken und den direkten Weg zu Präsenz im Hier und Jetzt einschlagen möchten, konzentrieren Sie sich zunächst auf Ihre nächste Ausatmung ... Atmen Sie ganz aus, bis keine Luft mehr in Ihren Lungen ist ...

2. Bleiben Sie ohne Luft und sagen Sie zu sich selbst: »Ich erlaube mir, mich gut zu fühlen!« Lassen Sie diese Worte Ihre Aufmerksamkeit auf angenehme Gefühle in Ihrem Körper lenken, während Sie sich nach der nächsten Einatmung sehnen.

3. Geben Sie nun Ihrem starken Bedürfnis einzuatmen nach und lassen Sie die Luft rasch durch Ihre Nase tief in Brust und Bauch hineinströmen – und schwingen Sie sich dabei auch auf die Gefühle in Ihrem Herzen ein.

In nur einem einzigen Atemzug verlagern Sie so Ihre Aufmerksamkeit von geistiger Anspannung und emotionalem Stress auf Ihr inneres Kraftzentrum und angenehme Gefühle. Nun können Sie sich mit neuer Energie auf die Besprechung konzentrieren und voller Zuversicht an der Diskussion teilnehmen. In nur einem Atemzyklus sammeln Sie sich, stellen Sie eine Verbindung zu Ihrer Kraftquelle her und erlangen Sie erneut gedankliche Klarheit.

Diese Soforthilfe in nur einem Atemzug ist – wie gesagt – zugleich der erste Schritt der siebenstufigen Take-Charge-Technik. Verwenden Sie sie aber nur, wenn die Zeit knapp ist und wenn Sie bereits reichlich Übung in unserem Aufmerksamkeitstraining haben.

Die Take-Charge-Methode

Vielleicht können Sie sich nicht vorstellen, dass die einfachen Fokussätze und die Verlagerung Ihrer Aufmerksamkeit auf Ihre Atmung, Ihr Herz und Ihre ganzkörperliche Präsenz eine so große Wirkung auf Ihr Arbeitsleben haben.

Falls Sie solche Zweifel haben, stellen Sie sich einfach vor, dass dieser kognitive Umschaltprozess eine Art geistige »Judo-Technik« ist, die die gesamte Kraft Ihrer Aufmerksamkeit umlenkt auf etwas Neues.

Wenn Sie gedanklich »auf Leerlauf« schalten und sich wieder sammeln, überwinden Sie jene negativen geistigen Gewohnheiten, die Sie Ihr bisheriges Leben lang begleitet haben. Und Sie sind frei dafür, sich der wirkungsvollen Take-Charge-Methode zuzuwenden.

Wie bereits erwähnt, werden Sie den Wake-Up-Prozess ein

paar Wochen üben müssen, um ihn gut zu beherrschen, aber währenddessen können Sie bereits mit Take-Charge beginnen.

Sehen Sie sich nun noch einmal die einzelnen Schritte dieser Methode an, um einen klaren Überblick zu bekommen:

Erster Aufbauschritt
Aufmerksamer werden (und sich besser fühlen)
Schalten Sie von Ablenkbarkeit und Gedankenverlorenheit darauf um, im Hier und Jetzt präsent zu sein und den Augenblick zu genießen.

Zweiter Aufbauschritt
Zuversichtlicher sein
Lösen Sie sich bei der Arbeit von angstbehafteten, sorgenvollen Gedanken, um ruhiger, geerdeter und positiver gestimmt zu sein.

Dritter Aufbauschritt
Einfühlsam mit anderen kommunizieren
Verlagern Sie Ihre Aufmerksamkeit von ehemals urteilenden Gewohnheiten darauf, vertrauensvolle, herzliche Beziehungen voller Akzeptanz zu anderen Menschen zu knüpfen.

Vierter Aufbauschritt
Das eigene Selbstwertgefühl steigern
Hören Sie damit auf, sich selbst zu kritisieren, sich schuldig oder unzulänglich zu fühlen, und nehmen Sie sich selbst ganz an. Seien Sie sich selbst der beste Freund, dann werden Sie ein allseits beliebter Kollege und eine starke Führungspersönlichkeit werden.

Fünfter Aufbauschritt
Probleme kreativer lösen
Gehen Sie über konventionelle Ideen und uninspirierte Lösungen hinaus, indem Sie all Ihre integrativen und visionären Kräfte einsetzen.

Sechster Aufbauschritt
Die eigene Intuition nutzen
Schalten Sie von kurzfristigem Denken um auf Ihre tiefe innere Kraftquelle, die Ihnen Verständnis und Weitblick bietet. Nehmen Sie eine Situation in ihrer Gesamtheit wahr und treffen Sie weise Entscheidungen.

Siebter Aufbauschritt
Sicher und integer handeln
Bringen Sie Ihre eigentlichen Ziele und Ihre Absichten bei der Arbeit zum Ausdruck und handeln Sie effektiver und verlässlicher.

Jedem dieser sieben Aufbauschritte ist ein spezieller Fokussatz zugeordnet, den Sie nach einer Weile mit einer bestimmten Bewusstseinserweiterung assoziieren werden. Auf diese Weise vermehren Sie Ihre Erkenntnisse und erhöhen Ihre Produktivität. In jedem der folgenden Kapitel werden wir Ihnen einen neuen Fokussatz vorstellen und Sie anleiten, die assoziativen Kräfte dieses Satzes zu aktivieren.

> Wie Sie bereits wissen, lautet der erste Fokussatz: »Ich erlaube mir, mich gut zu fühlen ...« Sie können auch sagen: »Ich entscheide mich dafür, meine Aufmerksamkeit auf angenehme Gefühle in meinem Körper zu richten«, wenn Ihnen das mehr entspricht.

In den nächsten Wochen werden Sie die wahre Kraft dieser Absichtserklärung erleben. Und Sie werden die Erfahrung machen, dass es im Arbeitsalltag möglicherweise das Wichtigste ist, sich regelmäßig die Erlaubnis zu geben, sich gut zu fühlen. Denn wenn Sie sich gut fühlen, sind Sie automatisch in der besten geistigen Verfassung, um sowohl am Arbeitsplatz als auch zu Hause mit allen Anforderungen fertig zu werden. Auf diese Weise entfalten Sie Ihr gesamtes Potenzial und genießen gleichzeitig Ihr Leben.

In jedem Moment kann Ihre Aufmerksamkeit in Hunderte von Richtungen gehen, die Ihnen ein negatives Gefühl vermitteln. Es gibt so viele Dinge in Ihrem momentanen Leben, in Ihrer Vergangenheit oder Zukunft, über die Sie sich Sorgen machen oder ärgern können oder die Sie deprimieren.

> Sie lernen hier, dass Sie in jedem neuen Moment die Wahl haben, sich von gewohnten Fixierungen zu lösen, die Ihnen ein schlechtes Gefühl vermitteln. Stattdessen können Sie Ihre positive Absicht ausdrücklich erklären und Ihre Aufmerksamkeit auf die grundlegende Erfahrung richten, sich in Ihrer Haut wohl zu fühlen.

Am Anfang surren diese Worte möglicherweise an der Aufmerksamkeit Ihres Geistes vorbei und verflüchtigen sich. Aber Übung macht den Meister! Sie müssen die nächste Woche lediglich ein bisschen diszipliniert sein und sich auf dieses wichtige Experiment einlassen.

> Jedes Mal, wenn Sie zu sich selbst sagen: »Ich erlaube mir, mich gut zu fühlen«, dann mit ruhigem Geist einatmen und bereit für die neue Erfahrung sind, werden die Worte an Kraft gewinnen und Ihre Aufmerksamkeit sofort auf all die angenehmen Gefühle richten, die in Ihrem Körper vorhanden sind.

Wohlbefinden ist ein Zustand, der Körper, Geist und Seele umfasst. Sie müssen nichts Besonderes tun, um sich gut zu fühlen. Es ist ein innerer Zustand, der sich einstellt, wenn Ihr Geist zur Ruhe gekommen oder auf gute Gedanken und Bilder konzentriert ist. Es ist eine Bewusstseinsqualität, bei der Sie jeglichen Zeitdruck, jegliche Angst-, Schuld- und Schamgefühle sowie alle anderen negativen Emotionen losgelassen haben.

> Sie fühlen sich automatisch gut, wenn Sie entspannt und auf den gegenwärtigen Moment ausgerichtet sind, wenn

Sie Ihre körperliche Präsenz genießen, wenn Sie die Freiheit erleben, sich zu bewegen und tief zu atmen, wenn Sie jeglichen Druck loslassen. Es ist nur selbstverständlich, dass Sie sich gut fühlen, wenn Sie sich nicht mit negativen Gedanken quälen ...

Doch obwohl die guten Gefühle stets nur einen Atemzug entfernt sind und Sie einen riesigen Vorrat an angenehmen körperlichen Empfindungen und Emotionen haben, kann kein anderer Ihnen die Erlaubnis geben, sich gut zu fühlen. Das müssen Sie selbst tun!

Daher sollten Sie jeden Tag mehrmals innehalten und zu sich sagen: »Ich erlaube mir, mich gut zu fühlen«, oder auch: »Ich entscheide mich dafür, mich gut zu fühlen«, falls diese Worte bei Ihnen besser funktionieren. Auf die Intensität der guten Gefühle kommt es dabei nicht an. Wichtig ist lediglich, Ihre Aufmerksamkeit von all den Dingen abzukehren, die in der Regel Ihre Stimmung trüben, und sie in eine positivere, aufbauendere Richtung zu lenken.

Sagen Sie es – tun Sie es! Darum geht es bei dieser Methode. Verbringen Sie Ihre Zeit nicht mehr mit stundenlangen Grübeleien und Sorgenkrämereien. Vergeuden Sie Ihr Leben nicht länger mit Vorsätzen, die Sie nie in die Tat umsetzen. Und versuchen Sie nicht, die Erfahrung des geistigen Umschaltens in Ihrer Vorstellung vorwegzunehmen. An einem bestimmten Punkt müssen Sie sich auf den Umschaltprozess einlassen, der darauf angelegt ist, Sie in die gewünschte Richtung zu bringen. Haben Sie also Vertrauen!

Die Fokussätze unseres Mind-Management sind geistige Stützen, um Ihre Aufmerksamkeit in positive Richtungen zu lenken. Doch nur Ihre Entscheidung, sie auch auszusprechen, setzt den Prozess in Gang. Sie selbst haben letztlich die Wahl, welche Richtung Sie einschlagen. Sie sollten die Verantwortung dafür übernehmen – denn kein anderer wird es für Sie tun.

Sagen Sie es – tun Sie es!

Für sich allein genommen, haben die Fokussätze keinerlei Wirkung. Die Methode funktioniert vielmehr aufgrund ihrer assoziativen Kraft, die in Ihrem Inneren auf Resonanz stößt. Die Fokussätze funktionieren, da sie sich, sobald sie ausgesprochen werden, an Ihrem Ich-Bewusstsein gewissermaßen vorbeischmuggeln und Assoziationen sowie geistige Funktionen aktivieren, die normalerweise ungenutzt bleiben.

Wie häufig halten Sie eigentlich inne, um sich bewusst die Erlaubnis zu geben, sich gut zu fühlen? Vielfältige Prägungen belasten Sie und blockieren Ihr Wohlbefinden – beispielsweise all Ihre negativen Programmierungen sowie all die Vorurteile, dass Arbeit keinen Spaß macht. Wenn Sie nicht aktiv dagegen angehen und sich selbst sagen, dass es in Ordnung ist, sich gut zu fühlen, werden Ihre negativen Gewohnheiten auch Ihren Arbeitsalltag dominieren.

> Alte Gebote und Verbote blockieren einen großen Teil Ihres Potenzials. Sorgen und Selbstzweifel, die in Ihrer Kindheit entstanden sind, können Ihr Leben immer noch beherrschen.

Beginnen Sie also mit diesem großartigen Experiment. Probieren Sie aus, was geschieht, wenn Sie sich die Erlaubnis geben, sich gut zu fühlen. Beobachten Sie, ob Sie sich tatsächlich besser fühlen. Und falls dies der Fall ist, achten Sie auch darauf, wie sich Ihr gesamter Arbeitsalltag positiv verändert.

Aber Sie müssen diese Erfahrung selbst machen. Fangen Sie heute damit an, den Wake-Up-Prozess einmal pro Stunde durchzuführen, damit Sie ihn wirklich verinnerlichen. Beginnen Sie mit der Kurzübung in einem Atemzug (s. S. 73), um damit Ihr Potenzial zu erwecken und gute Gefühle hervorzurufen – mitten bei der Arbeit!

> Bedenken Sie stets, dass Sie dieselbe Erfahrung nie zweimal machen werden. Die Zeit schreitet voran, und Ihre Erfahrung wird stets eine andere sein, wenn Sie die Aufmerksamkeit Ihres Geistes auf die Entfaltung des gegenwärtigen Moments richten. Wenn Sie wahrhaftig auf den gegenwärtigen Moment eingeschwungen sind, ist dieser neue Moment stets aufregend und frisch, überraschend und schöpferisch.

Jedes Mal, wenn Sie zu sich selbst sagen: »Ich spüre, wie die Luft durch meine Nase ein- und ausströmt«, handelt es sich um einen Atemzug, den Sie nie zuvor gemacht haben, und um eine Erfahrung, die Sie nie zuvor hatten. Und wenn Sie dann ausatmen, sagen Sie: »Ich erlaube mir, mich gut zu fühlen.« Danach atmen Sie in dieses neue, gute Gefühl hinein – es wird einzigartig und zumeist unerwartet sein und es ist eine wahre Freude.

»Ich erlaube mir, mich gut zu fühlen« – Der erste Aufbauschritt

Hier die Wohlfühlübung in einem Atemzug auf einen Blick, damit Sie ihren Ablauf verinnerlichen können!

- Atmen Sie aus ... und halten Sie danach den Atem an.
- Sagen Sie zu sich selbst: »Ich erlaube mir, mich gut zu fühlen ...«
- Lassen Sie die Luft bei Ihrem nächsten Einatmen von selbst einströmen.
- Schwingen Sie sich auf die Bewegungen in Ihrer Brust und Ihrem Bauch ein.
- Erleben Sie die Gefühle in Ihrem Herzen.
- Nehmen Sie Ihren gesamten Körper in diesem gegenwärtigen Moment wahr.
- Sagen Sie noch einmal: »Ich erlaube mir, mich gut zu fühlen!«

Und hier außerdem noch einmal der vierstufige Wake-Up-Prozess, den Sie nun ebenfalls auswendig lernen sollten, damit Sie ihn selbstständig durchführen können.

»Ich spüre, wie die Luft durch meine Nase ein- und ausströmt ...«
Erleben Sie es intensiv, während Sie einatmen.

»Ich spüre auch die Bewegungen in meiner Brust und meinem Bauch ...«
Erleben Sie es intensiv, während Sie einatmen.

»Ich bin mir meiner Gefühle in meinem Herzen bewusst ...«
Erleben Sie es intensiv, während Sie einatmen.

»Ich bin mir meines ganzen Körpers bewusst, hier, in diesem Augenblick ...«
Erleben Sie es intensiv, während Sie einatmen.

Zuversichtlich handeln

Nichts schwächt unsere Kreativität und Produktivität in der Arbeit so stark wie ein chronisches Gefühl der Angst. Aber die meisten Menschen verbringen einen Großteil des Tages damit, sich Sorgen über ihren Job, ihre Gesundheit, über ihre Finanzen oder die Familie zu machen. Wie ist es bei Ihnen? Grübeln Sie häufig über wichtige Dinge oder weniger wichtige Dinge nach? Wird ein großer Teil Ihrer Gedanken und Emotionen von Angst vereinnahmt, die an Ihrem Selbstvertrauen, Ihrer Kraft und Ihrer guten Laune nagt?

Wenn Sie in Ihren Sorgen festhängen, leidet Ihr gesamter Körper darunter. Wenn dieser Zustand lange anhält, fühlen Sie sich dauerhaft nervös, unsicher, schwach, sind unkonzentriert und äußerst durcheinander. Daher ist es wichtig, den Einfluss sorgenvoller Gedanken auf Ihre Leistungsfähigkeit und Stimmung bei der Arbeit zu erkennen, und jeden Tag etwas dafür zu tun, Ihre gewohnten Fixierungen auf angsterfüllte Gedanken und Vorstellungen zu minimieren.

> Es ist eine stille Vereinbarung, dass Ihre persönlichen Sorgen an Ihrem Arbeitsplatz nichts verloren haben und sie folglich vor der Tür bleiben. Das hört sich vielleicht brutal an, ist aber nötig, damit die Arbeit erledigt werden kann. Und wie wir in der Einleitung gezeigt haben, ist es sogar kontraproduktiv, sich über Dinge Sorgen zu machen, die mit der Arbeit zu tun haben.
> So wird beispielsweise niemand mit einem Verkäufer zu tun haben wollen, dem die Sorgen über die eigenen Belange oder über das Unternehmen im Gesicht geschrieben stehen. Eine sorgenvolle Miene vermittelt dem Käufer ein Gefühl der Unsicherheit und des Unbehagens – was sich grundsätzlich negativ auf den Verkauf auswirken kann. Aber auch in anderen Bereichen wie zum Beispiel auf dem Dienstleistungssektor macht offensichtliche Angst den Kunden ner-

vös. Und wenn Sie ein Manager sind, untergräbt Angst Ihre Glaubwürdigkeit sowie Ihre Ausstrahlung.
Die Take-Charge-Technik bietet Ihnen mithilfe des zweiten Aufbauschritts eine einfache, aber wirksame Möglichkeit, sich bewusst von Gedanken zu lösen, die Ihre innere Ruhe bei der Arbeit sabotieren.

Der erste Schritt unseres Aufbauprogramms (»Ich erlaube mir, mich gut zu fühlen.«) wird Ihre geistigen Leistungen sowie Ihre Stimmung fast immer verbessern, und Sie werden feststellen, dass es manchmal schon genügt, diesen ersten Schritt zu machen.

Allerdings fallen viele Menschen anschließend schnell wieder in ihre alten geistigen Gewohnheiten zurück. Um dieses Problem zu lösen, stellen wir Ihnen die sechs weiteren Schritte unseres Mind-Management-Aufbauprogramms vor, die dafür sorgen, dass die positiven Veränderungen anhalten.

Während Sie weiterhin den Wake-Up-Prozess üben, wollen wir uns schon einmal den zweiten Aufbauschritt ansehen, mit dem Sie auf den sorgenfreien Zustand innerer Ruhe umschalten können. Immerhin haben Sie diesen Prozess bereits in Gang gebracht, als Sie sagten: »Ich erlaube mir, mich gut zu fühlen.«

Angst wird durch die Sorge hervorgerufen, dass Ihnen in der Zukunft etwas Schlechtes widerfahren könnte. Dieser wenig konstruktiven geistigen Gewohnheit können Sie entgegenwirken, indem Sie Ihre Aufmerksamkeit auf den gegenwärtigen Moment richten (in dem tatsächlich alles in Ordnung ist) und dann einen wirksamen Fokussatz anwenden, in dem Sie Ihre Absicht erklären, Ihre Sorgen loszulassen, um innerlich zur Ruhe zu kommen.

Verspannungen im Kopf auflösen

Wenn Sie in ängstigenden Gedanken feststecken und sich über Dinge Sorgen machen, die in Zukunft geschehen könnten, oder wenn Sie unter der von Sigmund Freud so bezeichneten »frei flottierenden Angst« leiden – einem Zustand, bei dem Sie generell befürchten, dass jeden Moment irgendetwas Schlimmes passiert –, dann werden Sie feststellen, dass die Muskeln in Ihrem Kopfbereich angespannt sind, vielleicht sogar so sehr, dass sie schmerzen.

Manchmal ist der Kopf voll von guten Gefühlen, Offenheit, Leichtigkeit, innerer Ruhe und eingeschlossen in ein allgemeines körperliches Wohl- oder gar Glücksgefühl. Doch manchmal kann er auch schrecklich wehtun und die Kiefermuskeln können schmerzhaft verspannt sein.

> Im Allgemeinen reagiert Ihr Kopf auf zwei grundlegende Emotionen: Angst beziehungsweise innere Ruhe. Wenn Sie Angst haben oder sich Sorgen machen, verkrampfen sich Ihre Kopf- und Nackenmuskeln. Wenn Sie dagegen mit sich und der Welt zufrieden sind, entspannen sich die Muskeln, und Sie empfinden das warme, weiche Wohlgefühl innerer Ruhe in Ihrem Kopf.

Allzu viele Menschen bestreiten ihren Arbeitstag regelmäßig mit verspannten Kopf- und Nackenmuskeln. Diese Muskelverspannungen werden durch meist unbewusste negative Statements hervorgerufen, nach dem Motto: »Jeden Augenblick kann etwas Schreckliches passieren.« Und wenn wir nichts gegen unsere chronischen Sorgen und Verspannungen unternehmen, bleiben wir darin verstrickt – und das ist gar nicht angenehm.

Daher ist es an der Zeit, uns von solcherlei Belastungen während der Arbeit zu befreien. Hier eine erste Übung dazu.

~~~~~~

Schwingen Sie sich auf Ihre Atmung ein ..., spüren Sie, wie die Luft durch Ihre Nase ein- und ausströmt ... Achten Sie auch darauf, wie sich Ihr Kopf gerade anfühlt ..., atmen Sie in die Gefühle in Ihrem Kopf hinein, egal, wie diese aussehen ... Achten Sie darauf, ob Ihr Kiefer verspannt ist ..., Ihre Kopfmuskeln ..., Ihre Augenmuskeln ... und Ihre Zunge.

Sagen Sie nun zu sich selbst: »Ich erlaube mir, mich gut zu fühlen«, und während Sie ausatmen, seufzen Sie und entspannen Ihre Zungen- und Kiefermuskeln ... Bewegen Sie Ihren Kopf sanft von einer Seite zur anderen ... Und erlauben Sie den Muskelverspannungen, die Sie in Ihrem Kopf spüren, sich etwas zu entspannen ... Geben Sie Ihrem Kopf die Erlaubnis, sich besser zu fühlen ...

Halten Sie inne & erleben Sie

~~~~~~

Das Ego überlisten ...

Wie es scheint, ist unser denkender Geist den ganzen Tag lang unaufhörlich in Betrieb. Ständig strömen Gedanken und Bilder durch unseren Kopf – und allzu oft beinhalten sie negative Vorstellungen und Erinnerungen, die negative Emotionen hervorrufen, die wiederum Verspannungen im Körper erzeugen.

> Es ist eine äußerst wichtige Erkenntnis, dass inneres Leid nur selten direkt von der äußeren Welt verursacht wird. Das meiste Leid wird durch die Gedanken hervorgerufen, die durch unseren Kopf strömen. Wenn Sie das erkennen, machen Sie einen entscheidenden Schritt hin zu besseren Zeiten in Ihrem Leben.

Die Stimme, die Sie ständig in Ihrem Kopf hören, wird häufig als »Ego« bezeichnet. Aus Gewohnheit oder aus einem konkreten äußeren Anlass heraus denkt das Ego an etwas, das Sie tun sollten, und drückt dieses Bedürfnis mit Worten aus. Es konstatiert beispielsweise: »Ich muss aufstehen und meine E-Mails abrufen.« Oder es reagiert auf einen knurrenden Bauch und denkt: »Zeit fürs Abendessen!«

Wenn Sie Ihren Geist in Aktion betrachten, werden Sie Folgendes feststellen: Mit Ausnahme einiger Dinge, die Sie völlig automatisch tun, werden die meisten Ihrer Handlungen und Emotionen direkt von Gedanken verursacht. So funktionieren wir nun einmal: Wir sind in der Regel ego-gesteuert.

Viele traditionelle Meditationsprogramme betrachten das Ego als ein Element, das zum Schweigen gebracht werden muss, damit man innerlich zur Ruhe kommen kann. Nach jahrelanger intensiver Auseinandersetzung mit diesen Meditationstechniken haben wir schließlich festgestellt, dass es keinen Sinn macht, gegen das Ego und sein fortwährendes Denken anzukämpfen.

> Die bessere Methode besteht dagegen darin, eine mentale »Judotechnik« anzuwenden: Wir schwingen uns auf den Gedankenstrom ein und lenken diesen sanft in eine Richtung, die uns dienlich ist. Genau das erreichen wir mit den Fokussätzen.

Anstatt zu versuchen, das Ego dazu zu bewegen, ganz mit dem Denken aufzuhören und den Strom sorgenvoller Gedanken, die uns ängstlich und angespannt machen, gänzlich einzustellen, gibt das Take-Charge-Programm dem Ego eine wichtige Aufgabe: Es darf nämlich die sieben Fokussätze auswendig lernen und regelmäßig sagen.

Denn wer entscheidet sich denn letztlich zur Äußerung der Fokussätze? Genau, es ist das Ego, dieser denkende, urteilende Kontrolleur des Geistes. Wenn wir das Ego dadurch anerkennen, dass wir ihm bewusst nützliche Aufgaben zuteilen, bewirkt das emotionale und mentale Wunder. Anstatt darum zu ringen, negative Gedanken zum Schweigen zu bringen, fördern wir gezielt positive Gedanken, die unsere Aufmerksamkeit in wunderbare Richtungen lenken.

Ihre Ego-Stimme hat eine große Macht. Wenn sie spricht, hört Ihr restliches Ich in der Regel zu und tut, was ihm gesagt wird. Daher wollen wir uns diese natürliche Kraft bewusst dienstbar machen.

Sprechen Sie nun einfach Ihren Wunsch aus, Ihre Angst zu reduzieren und das damit einhergehende Gefühl innerer Ruhe in Ihrem Geist zu erleben. Tun Sie es einfach ... Sagen Sie beim nächsten Ausatmen zu sich selbst: »Ich lasse meine Sorgen los ... und fühle mich innerlich ruhig.«

Halten Sie inne & erleben Sie

... und mit ins Boot holen

Wir Menschen sind in der Regel darauf programmiert zu meinen, dass beruflicher Stress und beruflicher Erfolg Hand in Hand gehen. Wir möchten diesen alten Glaubenssatz widerlegen, denn psychologisch gesehen ist er nicht richtig. Natürlich gibt es Zeiten, in denen wir mit großem persönlichem Einsatz eine schwierige Situation bewältigen und mit dem Stress einfach fertig werden. Aber wie viel besser arbeitet es sich doch mit einem klaren Geist und positiven, ruhigen Emotionen als in einer angespannten und ängstlichen Gemütsverfassung!

Sicherlich kennen Sie den Drang, ein Problem aus der Welt zu schaffen, obwohl Ihr Geist ausgelaugt ist, Sie emotional angespannt sind und Ihre Atmung ganz flach ist. Trotzdem glauben Sie, die Anspannung und den Stress aufrechterhalten zu müssen, um endlich den Durchbruch zu erzielen. Sie möchten nicht dabei ertappt werden, ruhig an Ihrem Schreibtisch zu sitzen, während eigentlich hektisches Problemlösen angesagt ist.

Nun, Sie sollten es sich tatsächlich wünschen. Denn wenn Sie innerlich ruhig werden, schalten Sie in einen erweiterten Bewusstseinszustand um, in dem Erkenntnisse und entscheidende Lösungen eher zutage treten. Immer wieder kommt es zu Geistesblitzen, wenn Sie sich dem Moment hingeben und entspannen ... Es macht Klick! Auf einmal sehen Sie das gesamte Bild und haben eine Vision – vor Ihnen erscheint die Lösung!

> Ihr Ego ist schlau. Bei unserem Take-Charge-Ansatz wollen wir daher nicht gegen das Ego angehen. Es soll vielmehr daran erinnert werden, dass es einen anderen Weg zum Erfolg gibt.

Während Sie unsere Mind-Management-Techniken üben, lernt Ihr Ego Schritt für Schritt, dass es in der Tat Alternativen gibt, um mit belastenden Situationen umzugehen. Wir versichern Ihnen, dass die innere Stimme, die Ihre Aufmerksamkeit und Ihre Handlungen steuert, ihren Ton nach ein bis zwei Wochen verändern wird, wenn Sie die Fokussätze üben und ihre positive Wirkung erleben.

Die innere Stimme wird immer häufiger die folgenden magischen Worte sagen: »Ich lasse meine Sorgen los und fühle mich innerlich ruhig.« Denn sie wird feststellen, dass gute Dinge geschehen, wenn sie diese Worte ausspricht und wenn sie befolgt werden. Während Sie sagen: »Ich lasse meine Sorgen los«, und ganz auf den gegenwärtigen Moment umschalten, befreien Sie sich von der Angst, die Ihren Geist und Ihren Körper in Besitz genommen hat. Und während Sie sagen: »Ich fühle mich innerlich ruhig«, werden Sie diese Ruhe unmittelbar spüren – ah!

Etwas zu sagen bedeutet, es zu tun ...
Machen Sie die Übung nun selbst. Überprüfen Sie, nachdem Sie diesen Absatz gelesen haben, ob Sie die beiden Fokussätze auswendig können: »Ich erlaube mir, mich gut zu fühlen«, und: »Ich lasse meine Sorgen los und fühle mich innerlich ruhig.« Legen Sie das Buch nun sechs bis zehn Atemzüge lang zur Seite. Schließen Sie Ihre Augen, wenn Sie möchten, und sagen Sie nacheinander die beiden Fokussätze, jeweils während Sie ausatmen ... Und erlauben Sie der Kraft der ausdrücklich erklärten Absicht Ihres Egos, die gewünschte Veränderung der Gefühle in Ihrem Kopf und Ihrem ganzen Körper herbeizuführen:

»Ich erlaube mir, mich gut zu fühlen ...«
»Ich lasse meine Sorgen los und fühle mich innerlich ruhig ...«

Halten Sie inne & erleben Sie

Wann und wie die Worte wirken

Die Aussagen der Fokussätze sind sehr einfach, doch sie enthalten eine assoziative Kraft, die die Aufmerksamkeit Ihres Geistes in Richtung eines erweiterten Bewusstseinszustands lenken.

Wir wiederholen noch einmal, dass es sich bei den Fokussätzen nicht um positive Affirmationen handelt. Weder verändern sie die Welt um Sie herum auf magische Weise noch machen sie Sie zu jemand anderem. Sie aktivieren lediglich das in Ihnen vorhandene geistige Potenzial.

> Sie sollten sich zudem nochmals bewusst machen, dass es ein großer Unterschied ist, ob Sie diese Worte nur denken oder tatsächlich aussprechen, so dass Sie sie in Ihren Stimmbändern spüren. Ihre assoziative Kraft entfalten die Worte ausschließlich dann, wenn sie verbalisiert werden. Wenn Sie die Sätze nur visualisieren oder denken, entsteht keinerlei Wirkung – Sie müssen körperlich aktiv werden!

Allerdings müssen Sie die Worte nicht laut aussprechen. Das ist vor allem bei der Arbeit hilfreich. Wahrscheinlich würden Sie einige verwunderte Blicke auf sich ziehen, wenn Sie in einer Sitzung laut sagen: »Ich erlaube mir, mich gut zu fühlen!« Aber selbst wenn niemand hört, was Sie zu sich sagen, werden die Menschen um Sie herum die Wirkung bemerken. Ihre Atmung wird tiefer und kräftiger, Ihre Gesichtsmuskeln entspannen sich, so dass Sie besser aussehen, Ihre Augen leuchten und Sie gewinnen wieder Ausstrahlung. Und wenn Sie sprechen, wird in Ihrer Stimme diese innere Ruhe, Zuversicht und Klarheit mitschwingen, die großen Führungspersönlichkeiten zu Eigen sind. Wichtig ist zudem, dass Sie die Fokussätze stets nur während der Ausatmungsphase zu sich sagen, damit Sie die Verbalisierung Ihrer Absicht tatsächlich körperlich wahrnehmen.

> Bei diesem Verbalisierungsprozess transformieren Sie eine innere Absicht zu einem äußeren Ereignis. Selbst wenn Sie keinen hörbaren Klang erzeugen, müssen Sie die Worte in Ihrer Atmung spüren ebenso wie in Ihrem Hals, dem Kehlkopf und der Brust.

Sobald Sie sich in einem Zustand ganzkörperlichen Bewusstseins befinden (und das wird der Fall sein, wenn Sie vor dem Aussprechen des zweiten Fokussatzes den Wake-Up-Prozess durchlaufen haben), wird eine besondere Kraft in Ihrer Stimme liegen, die Kraft Ihres ganzen Seins.

Innere Ruhe bei der Arbeit

Wir alle sehnen uns nach innerer Ruhe, denn sie ist »Mangelware« – vor allem am Arbeitsplatz. Aber auch wenn wir das Gefühl wahrer innerer Ruhe nur selten erleben, kennen wir es alle. Eigentlich tragen wir es die ganze Zeit in uns, nur richten wir unsere Aufmerksamkeit stets auf etwas anderes. Daher ist es kein Wunder, wenn wir keine innere Ruhe finden.

Es ist jedoch lediglich eine Frage, wofür Sie sich entscheiden. Wir geben Ihnen das Werkzeug an die Hand, mit dem die Möglichkeit, zur Ruhe zu kommen, stets in Ihrer Reichweite liegt.

Der Fokussatz »Ich lasse meine Sorgen los und fühle mich innerlich ruhig« enthält – gerade wenn Sie sich zuvor in einen erweiterten Bewusstseinszustand versetzt haben – eine besondere Kraft, die sehr tief geht. Beachten Sie auch die sorgsame Wortwahl. Zunächst geht es um eine Handlung, um das Loslassen, anschließend um ein Gefühl, die innere Ruhe. Und diese Ruhe ist vor allem eine geistige.

Wir versichern Ihnen, dass Ihr Ego – obwohl es gerne redet – viel lieber diese innere Ruhe spürt, die sich einstellt, wenn das Reden vorübergehend aufhört.

Wenn wir davon sprechen, die innere Ruhe bei der Arbeit fördern zu wollen, dann wäre es völlig falsch anzunehmen, dass alle dann nur noch herumsitzen und nichts mehr tun. Genau das Gegenteil ist meistens der Fall. Menschen, die sich eine kurze Pause gönnen dürfen, um ihre innere Ruhe und Ausgeglichenheit zurückzugewinnen, gehen mit einem viel höheren Maß an Produktivität und Kreativität an ihre Arbeit zurück. Schlicht und einfach gesagt: Es macht Spaß zu arbeiten, wenn wir uns gut dabei fühlen. Wir werden von einem inneren schöpferischen Fluss durch unseren Arbeitstag getragen, wenn es uns gestattet ist, ein gutes Körpergefühl sowie innere geistige Ruhe zu bewahren.

Daher empfehlen wir ein- bis- dreiminütige Pausen stündlich, damit die Beschäftigten sich innerlich sammeln und ein Gefühl der Ganzheit zurückgewinnen können, bevor sie sich wieder an die Arbeit machen.

Häufig kommt es diesbezüglich zu Konflikten zwischen Abteilungsleitern, die dafür verantwortlich sind, dass eine bestimmte Arbeit erledigt wird, und den Mitarbeitern, die diese Arbeit erledigen sollen. Wir würden gerne dabei helfen, diesen Konflikt zu lösen.

Zunächst sollte der Chef dem Mitarbeiter zugestehen, dass er gelegentlich Pausen benötigt, um sich zu sammeln. Wenn der Chef dieses Bedürfnis anerkennt, wird der Mitarbeiter es ihm danken und eine gute Arbeitsleistung erbringen.

Der Chef muss dem Mitarbeiter lediglich jede Stunde ein klein wenig Zeit für eine Pause einräumen. Mit der richtigen Methode benötigt der Mitarbeiter nur einige Minuten, um seine innere Ruhe sowie sein körperliches Wohlbefinden während des Arbeitstages zu fördern.

Der kognitive Umschaltprozess bringt die Gedanken in Ihrem Kopf meist ganz zur Ruhe. Sie werden sich von den Denkmustern lösen, in denen Sie festhängen, und vorübergehend frei von allen Gedanken sein, die mit Ihrer momentanen Arbeit zu tun haben.

Doch produktive Ideen entstehen am ehesten, wenn der Geist zeitweise völlig ruhig wird. Darüber hinaus fördert es Ihre soziale Kompetenz kaum, wenn Sie sich in Ihren Gedanken verlieren, anstatt körperlich und emotional vollkommen präsent zu sein. Zudem können Sie Ihre Sorgen bei der Arbeit auf ein Minimum reduzieren, wenn Sie regelmäßig auf den Wohlfühlmodus umschalten.

Dieses Buch ist in erster Linie ein Praxisbuch für ein erfolgreiches Arbeitsleben. Darüber hinaus bietet unsere Methode allen Führungskräften ein solides Rüstzeug, um die Leistung, die Arbeitsmoral und den Erfolg einer ganzen Organisation zu optimieren. Motivation und Energie eines Mitarbeiterteams lassen sich damit dermaßen steigern, dass seine Leistung und Kreativität ungeahnte Höhen erreichen.

»Ich lasse meine Sorgen los und fühle mich innerlich ruhig« – Der zweite Aufbauschritt

Wir möchten Sie nun noch einmal durch all die Schritte führen, die Sie bisher gelernt haben. Ihre Aufgabe besteht darin, sie auswendig zu lernen und so zu verinnerlichen, dass Sie überall und jederzeit ein paar Augenblicke innehalten und den Prozess aktivieren können. Jedes Mal, wenn Sie das tun, festigen Sie das Gelernte, so dass Sie sich bald nur noch an die Fokussätze erinnern müssen (hallo Ego!), die Sie dann in der richtigen Reihenfolge aussprechen. Somit lassen Sie zu, dass die assoziative Kraft der Worte Sie mühelos zu dieser befreienden Erfahrung führt. Denken Sie auch daran, dass es auf der Internetseite eine Audioführung auf Englisch gibt, von der Sie sich durch den Prozess leiten lassen können, wenn Sie ihn lieber hören statt lesen wollen.

Beginnen Sie nun und machen Sie es sich bequem ... Schließen Sie Ihre Augen, wenn und wann Sie möchten ... Und wenn Sie bereit sind, sagen Sie zu sich selbst: »Ich erlaube mir, mich gut zu fühlen.«

Atmen Sie ganz aus ..., helfen Sie mit Ihren Bauchmuskeln nach, die gesamte Luft aus dem Körper herauszubekommen ... Halten Sie einen Moment lang Ihren Atem an ... Und wenn Sie sich stark nach Luft sehnen, entspannen Sie sich, während mit dem neuen Atemzug Luft in Ihre Lungen strömt ...

Schwingen Sie sich auf das Gefühl der einströmenden Luft in Ihrer Nase ein ... und auch auf die Bewegungen in Ihrer Brust und Ihrem Bauch, während Sie atmen ... Dehnen Sie Ihr Bewusstsein aus, um auch die Gefühle in Ihrem Herzen wahrzunehmen ... Nehmen Sie Ihren gesamten Körper wahr, hier, in diesem gegenwärtigen Moment ... Erweitern Sie Ihr Bewusstsein abermals, um auch die Geräusche in diesem gegenwärtigen Moment wahrzunehmen ..., sichtbare Dinge ..., Düfte ...

Um nun den zweiten Schritt des Take-Charge-Prozesses durchzuführen, sagen Sie zu sich selbst: »Ich lasse meine Sorgen los und fühle mich innerlich ruhig« ... Achten Sie darauf, wie sich Ihr Kopf anfühlt ... Entspannen Sie Ihren Kopf ..., Ihre Zunge ..., den Kiefer ..., Ihre Augen ...

Atmen Sie in die innere Ruhe hinein, die Sie in Ihrem Kopf spüren ... Genießen Sie das Gefühl ... und seien Sie offen für eine neue Erfahrung ...

Halten Sie inne & erleben Sie

Einfühlsam mit anderen kommunizieren

Vielleicht erinnern Sie sich noch an das Beispiel von Tom Fischer. Der junge leitende Angestellte sammelte sich in einer Stresssituation schnell wieder, indem er die Wake-Up-Technik anwendete. Aufgrund eines Konflikts mit seinem Chef war Tom von Angst und Vorurteilen völlig vereinnahmt. Dann erinnerte er sich daran, auf den gegenwärtigen Moment umzuschalten, seine Wut und Erregung loszulassen sowie sich zu erlauben, sich gut zu fühlen, egal, was an diesem Arbeitstag noch passieren würde.

Aber solange er in urteilenden Gedanken feststeckte, die seine Wut darüber schürten, wie sein Chef ihn behandelt hatte, war er ein Opfer seiner eigenen mentalen und emotionalen Gewohnheiten. Als er sich von diesen Gedanken verabschiedete, sammelte er sich wieder und setzte seinen Tag in einer gelösten Stimmung fort.

Vielleicht erheben Sie nun Einspruch, da Tom guten Grund hatte, sich über seinen Chef aufzuregen. Warum sollte er nicht wütend auf ihn sein? Warum sollte man Menschen akzeptieren, die etwas Falsches oder Gemeines getan haben?

Nun, dafür gibt es einen sehr wichtigen Grund: Wenn Sie Gefühle der Ablehnung und des Zorns in sich aufstauen, wird das all Ihre zwischenmenschlichen Beziehungen belasten, außerdem Ihren Geist vernebeln und Ihre kreative Kraft schwächen.

> Wenn Sie jemanden voller Zorn aburteilen und dieses Gefühl Besitz von Ihnen ergreift, tun Sie sich selbst nichts Gutes, sondern schaden sich gehörig. Daher ist es weise, solche wertenden Gedanken sobald wie möglich loszulassen. Und das geht sofort, indem Sie sich nämlich einfach dazu entschließen, das Geschehene zu akzeptieren und es loszulassen.

Sagen Sie den dritten Fokussatz: »Ich akzeptiere jeden so, wie er ist.« Das bedeutet natürlich nicht, dass Sie negative Verhaltensweisen billigen oder sogar dauerhaft ertragen müssen. Es bedeutet lediglich, dass Sie weise genug sind, Ihre Gefühle nicht von anderen Menschen beeinflussen zu lassen, ob in der Arbeit oder anderswo.

Es gibt nichts Schlimmeres, als stunden- oder gar tagelang einen inneren Groll zu hegen. Diese negative Emotion vergiftet nicht nur die eigene Stimmung, sondern auch die Beziehung zu den Menschen in unserer Nähe. Es ist weise, nicht zuzulassen, dass andere Menschen Zorn oder Ablehnung bei uns provozieren – und falls es doch geschieht, ist es noch klüger, den dritten Fokussatz anzuwenden, um bewusst in einen Modus der Akzeptanz umzuschalten.

Als Kinder haben viele von uns gelernt, dass Jesus uns auffordert, unsere Feinde zu lieben und denen, die uns verletzen, Gutes zu tun. Zunächst erscheint dieses Gebot irrational und unrealisierbar. Aber aus einer objektiven psychologischen Perspektive betrachtet, ist es ein rationaler und umsetzbarer Ratschlag.

> Wenn wir uns darauf ausrichten, andere zu akzeptieren und zu lieben, haben wir ein gutes Gefühl in unserem Herzen – und das Leben ist für uns stimmig. Und wenn wir freundlich auf die Gemeinheit eines anderen reagieren, besteht die Chance, dass er ebenfalls umschaltet und seine Laune sich bessert.

Toms Chef befand sich gerade in einer größeren Krise. Er lebte in Scheidung und war nicht, wie er erwartet hatte, in eine interessantere höhere Position versetzt worden. Außerdem hatte er Probleme mit seinem eigenen Chef. Und es tat ihm Leid, dass er Tom so stark zugesetzt hatte.

Eine halbe Stunde später begegneten sich die beiden Männer auf dem Gang. Die Tatsache, dass Tom seinem Chef bereits verziehen hatte und keinen Groll mehr gegen ihn hegte, trug dazu bei, dass dieser sich bei ihm entschuldigen konnte. Und ab diesem Moment stand die berufliche Beziehung der beiden auf einer wesentlich besseren Basis.

Die Notwendigkeit zu urteilen

Wenn es um das Thema »Kritik versus Akzeptanz« geht, ist es wichtig, sich erst einmal Gedanken darüber zu machen. Natürlich müssen wir unsere Urteilsfähigkeit auch für unser Leben nutzen. Sie ist nicht nur wesentlich für unseren Erfolg, sondern auch für unser Überleben.

> Aber es gibt einen psychologischen Nachteil, wenn wir im Beurteilungsmodus hängen bleiben. Das Gehirn ist so angelegt, dass wir nicht gleichzeitig einfühlsam beziehungsweise offen für Intuitionen sein können, während wir eifrig damit beschäftigt sind zu urteilen. Es sind inkompatible geistige Zustände. Wir müssen uns für einen von beiden entscheiden.

Darüber hinaus können wir kein ästhetisches oder sinnliches Vergnügen empfinden, wenn wir chronisch urteilen. Manchmal müssen wir die Welt einfach so akzeptieren, wie sie ist. Fast ständig im Beurteilungsmodus haften zu bleiben (wie es viele Menschen aus Gewohnheit tun) bedeutet, dass wir der Welt um uns herum nicht kreativ begegnen, sie nicht akzeptieren und auch nicht genießen können.

Wenn wir etwas bewerten, sind wir von der Teilnahme an der Welt und unserer Erlebnisfähigkeit getrennt.

> Unsere Neigung, Dinge zu beurteilen, wurzelt in der Angstfunktion unseres Geistes. Wir bewerten etwas, wenn wir unsicher und der Meinung sind, dass etwas Schreckliches geschehen könnte, wenn wir nicht ständig auf der Hut sind. Dagegen entspannen wir uns und nehmen die Dinge an, wenn wir Vertrauen haben und unser Herz öffnen. Sich vom Urteilen zu lösen ist daher ein anderer Weg, die eigene Angst loszulassen.

Die Urteilsfunktion ist in erster Linie eine Funktion des denkenden Geistes. Wir sprechen zu uns selbst, wenn wir etwas beurteilen: »Ich mag das nicht.« – »Er sieht verdächtig aus.« – »Ich habe mir wehgetan, als ich dies das letzte Mal gemacht habe.« – »Ich hasse Rap-Musik.« Wir alle tragen ein riesiges Repertoire von wertenden Aussagen mit uns herum, die häufig unser Leben bestimmen – wenn wir uns ihrer nicht bewusst sind. Fast ständig bewerten wir unsere Umgebung, vor allem unsere Mitmenschen.

Wahrscheinlich hat Ihr urteilender Geist bereits einige spöttische Bemerkungen über dieses Buch gemacht. »Tue ich mir wirklich einen Gefallen, wenn ich meine wertvolle Zeit für diese Gedanken und Methoden opfere? Basieren diese Techniken auch auf fundierten wissenschaftlichen Erkenntnissen? Ist es wirklich sinnvoll, dass ich meine geistigen Gewohnheiten ablege und neue Wege einschlage?«

Wir sagen nicht, dass solche Fragen nicht gestellt werden sollten. Wir weisen lediglich darauf hin, dass Sie mit unserer Methode nicht sehr weit kommen werden, solange Sie sich nicht vom Urteilen lösen können. Jesus zufolge gibt es nur zwei Dinge, die wir ausdrücklich nicht tun sollten. Er sagte: »Fürchtet euch nicht«, und: »Richtet nicht.« Stattdessen empfahl er uns: »Liebet einander.« Die meisten anderen spirituellen Lehrer haben das Gleiche vorgeschlagen – und diese grundlegende spirituelle Weisheit ist aus psychologischer Sicht hundertprozentig richtig.

> Wenn wir uns dafür entscheiden, all unsere Ängste so gut es geht loszulassen, wird das Leben schnell besser. Und wenn wir uns entscheiden, den Beurteilungsmodus so weit wie möglich in den Hintergrund zu drängen, blüht unser Leben auf. Denn wir können nicht kreativ oder spontan sein, wir können uns selbst und andere nicht lieben, wenn wir regelmäßig Gedanken hegen, die Angst und Voreingenommenheit hervorrufen.

Der dritte Aufbauschritt sorgt dafür, dass wir regelmäßig vom Beurteilungsmodus auf Offenheit umschalten und die Welt genau jetzt genau so akzeptieren, wie sie ist – vor allem die Menschen in unserer Umgebung und besonders unsere Kollegen.

Das heißt nichts anderes, als dass wir die Realität annehmen, wie sie in diesem gegenwärtigen Moment ist – sich dagegen zu wehren, würde bedeuten, gegen die Realität anzukämpfen. Doch niemand kann gegen die Realität ankämpfen und dabei gewinnen.

Bewertende Emotionen

Wenn Sie an einer Besprechung teilnehmen oder einen neuen Menschen kennen lernen (oder jemandem erneut begegnen, den Sie bereits kennen), wann fühlen Sie sich dann jeweils am besten? Wenn der andere angespannt ist und innerlich schon über Sie geurteilt hat oder wenn er entspannt ist und Sie so akzeptiert, wie Sie sind? Möchten Sie lieber beurteilt oder geliebt werden? Bevorzugen Sie eine bedingungslose Freundschaft oder eine, für die Sie sich erst verbiegen müssen? Und wie sieht es in der Arbeit aus? Erbringen Sie die beste Leistung in einem Team, in dem Respekt und Akzeptanz vorherrschen, oder in einer Situation, die von gegenseitigem Misstrauen geprägt ist?

Letztendlich erreichen wir nicht viel Gutes, wenn wir unsere wertvolle Zeit damit verbringen, alles und jeden zu bewerten. Im Gegenteil, wir verschließen unser Herz gegenüber anderen Menschen, und wenn wir sie beurteilen, strahlen wir Ablehnung und Unsicherheit aus.

> Welche innere Kraft ist wohl stärker: die Kraft, andere zu bewerten, oder die Kraft, sie zu akzeptieren? Helfen wir anderen, sich zum Besseren zu verändern, indem wir sie beurteilen oder indem wir sie akzeptieren?

Sie wissen wahrscheinlich aus eigener Erfahrung, dass Ihr Herz kalt und hart ist, wenn Sie sich im Beurteilungsmodus befinden. Wenn Sie dagegen auf einen Modus der Akzeptanz umschalten, kommt vieles auf einmal in Fluss. Sie sind offener und einfühlsamer und können besser auf Ihre Kollegen zugehen.

Urteile können verletzend sein. Akzeptanz wirkt heilend. Jedes Mal, wenn Sie die dritte Take-Charge-Übung machen, haben Sie die Möglichkeit, Ihre Gewohnheit, andere zu beurteilen, durch Gefühle und Wahrnehmungen zu ersetzen, die auf Akzeptanz beruhen. Und durch diesen bewussten Akt entscheiden Sie sich dafür, alle Menschen, denen Sie bei der Arbeit begegnen, in ihrer Individualität anzunehmen und ihnen und sich selbst ein bestärkendes Gefühl zu vermitteln.

> Wenn Sie mindestens einmal am Tag innehalten und den Satz sagen: »Ich akzeptiere jeden so, wie er ist«, tun Sie sich selbst einen großen Gefallen. Denn Sie setzen all jene Energie frei, die nötig ist, um an negativen Gedanken über andere Menschen festzuhalten.

Wenn Sie diese Worte zum ersten Mal aussprechen, werden Sie möglicherweise keine große Veränderung bemerken. Aber bei jedem weiteren Mal werden Sie eine neue Erfahrung in Ihrem Kopf und Ihrem Herzen machen.

> Wir fordern Sie nie dazu auf, genau das zu empfinden, was die Fokussätze formulieren. Sie sind Richtungsweiser für Ihren Geist. Was Sie tatsächlich in diesem Zustand der Bewusstseinserweiterung erleben, ist Ihre ureigene Erfahrung und sie ist stets neu.

Lassen Sie uns den dritten Fokussatz »Ich akzeptiere jeden so, wie er ist« nun offiziell in unsere Liste aufnehmen. Erwarten Sie jedoch in den nächsten Tagen oder Wochen keine weltbewegenden Veränderungen, wenn Sie ihn aussprechen. An einem bestimmten Punkt werden die Worte plötzlich eine tiefere Bedeutung bekommen. Sie werden spüren, wie Kraft in Ihr Herz strömt, wenn Sie bewusst all Ihre Urteile loslassen und Ihre Mitmenschen voll Akzeptanz und Bejahung betrachten.

Wenn Sie sich von Bewertungen lösen und sich darauf einschwingen, andere zu akzeptieren, wird Ihre persönliche Kraft zunehmen. Sie besitzen weitaus mehr Kraft, als Sie wahrscheinlich vermuten und als Sie de facto nutzen. Die Fokussätze vermitteln Ihnen einen unmittelbaren Zugriff darauf.

Jedes Mal, wenn Sie den dritten Schritt des Take-Charge-Prozesses anwenden, setzen Sie diese außergewöhnliche Kraft ein, um Ihre Stimmung, Ihre Leistungen und vor allem Ihre Beziehungen zu verbessern.

»Ich akzeptiere jeden so, wie er ist« – Der dritte Aufbauschritt

Wir möchten Sie nun erneut durch all die Schritte führen, die Sie bisher erlernt haben, und den neuen Fokussatz hinzufügen. Ihre Hauptaufgabe besteht wie immer darin, sie regelmäßig zu üben, bis Sie sich nur noch daran erinnern müssen, die Fokussätze nacheinander auszusprechen. Dann wird sich die Take-Charge-Erfahrung mühelos und stets aufs Neue einstellen.

Beginnen Sie nun und machen Sie es sich bequem ... Schließen Sie Ihre Augen, wenn und wann Sie möchten ... Und wenn Sie bereit sind, sagen Sie zu sich selbst: »Ich erlaube mir, mich gut zu fühlen.«

Atmen Sie ganz aus ..., helfen Sie mit Ihren Bauchmuskeln nach, die gesamte Luft aus dem Körper herauszubekommen ... Halten Sie einen Moment lang Ihren Atem an ... Und wenn Sie sich stark nach Luft sehnen, entspannen Sie sich, während mit dem neuen Atemzug Luft in Ihre Lungen strömt ...

Schwingen Sie sich auf das Gefühl der einströmenden Luft in Ihrer Nase ein ... und auch auf die Bewegungen in Ihrer Brust und Ihrem

Bauch, während Sie atmen ... Dehnen Sie Ihr Bewusstsein aus, um auch die Gefühle in Ihrem Herzen wahrzunehmen ... Nehmen Sie Ihren gesamten Körper wahr, hier, in diesem gegenwärtigen Moment ... Erweitern Sie Ihr Bewusstsein abermals, um auch die Geräusche in diesem gegenwärtigen Moment wahrzunehmen ..., sichtbare Dinge ..., Düfte ...

Um nun den zweiten Schritt des Take-Charge-Prozesses durchzuführen, sagen Sie zu sich selbst: »Ich lasse meine Sorgen los und fühle mich innerlich ruhig« ... Achten Sie darauf, wie sich Ihr Kopf anfühlt ... Entspannen Sie Ihren Kopf ..., Ihre Zunge ..., den Kiefer ..., Ihre Augen ...

Atmen Sie in die innere Ruhe hinein, die Sie in Ihrem Kopf spüren ..., und sagen Sie dann zu sich selbst: »Ich akzeptiere jeden so, wie er ist ...«

Lassen Sie dieses Gefühl völliger Akzeptanz und Liebe aus Ihrem Herzen strömen ... Geben Sie sich der Welt hin, so, wie sie ist ... Seien Sie offen für eine neue Erfahrung!

Halten Sie inne & erleben Sie

Im Folgenden sind die ersten drei Aufbauschritte noch einmal im Überblick aufgelistet. Mit der Zeit werden Sie bemerken, wie diese Sätze immer mehr an Kraft gewinnen und Umschaltprozesse in Ihrem Bewusstsein bewirken.

- Atmen Sie aus und halten Sie Ihren Atem an.
- Sagen Sie zu sich: »Ich erlaube mir, mich gut zu fühlen ...«
- Erlauben Sie Ihrer Einatmung, von selbst wieder einzusetzen.
- Spüren Sie, wie die Luft durch Ihre Nase ein- und ausströmt.
- Schwingen Sie sich auf die Bewegungen in Ihrer Brust und Ihrem Bauch ein.

- Erleben Sie die Gefühle in Ihrem Herzen.
- Nehmen Sie Ihren gesamten Körper in diesem gegenwärtigen Moment wahr.
- Öffnen Sie all Ihre Sinne – und genießen Sie es!
- Sagen Sie: »Ich lasse meine Sorgen los ... und fühle mich innerlich ruhig ...«
- Sagen Sie: »Ich akzeptiere jeden so, wie er ist ...«
- Atmen Sie in eine neue Erfahrung hinein ...

Halten Sie inne & erleben Sie

Das eigene Selbstwertgefühl steigern

Im Rahmen eingehender Untersuchungen konnten wir das Hauptzentrum für einen erfolgreichen Führungsstil lokalisieren. Entgegen der generellen Annahme befindet es sich nicht im Kopf, sondern im Herzen. Wenn Sie Ihre Kommunikationsfähigkeit optimieren möchten, um andere Menschen für Ihre Ideen zu gewinnen sowie Vertrauen und Zuversicht zu fördern, sollten Sie sich jeden Tag etwas Zeit nehmen, um die wichtigsten Führungsqualitäten zu kultivieren: emotionale Intelligenz, Herzlichkeit sowie die Liebe zu sich selbst.

Es ist und bleibt eine unumstößliche Tatsache: Bei allem, was wir tun, trägt wesentlich zu unserem Erfolg bei, welches Gefühl wir uns selbst gegenüber haben.

Einer unserer Glaubenssätze lehrt uns, dass die Arbeitsatmosphäre gnadenlos und kaltherzig ist und dass Aggressivität und Auseinandersetzungen gegenüber Empathie, Teamgeist und Anteilnahme überwiegen. Aber jeder, der schon einmal in einem erfolgreichen Team gearbeitet hat, weiß, dass Einfühlungsvermögen und die Bereitschaft zur Zusammenarbeit die entscheidenden Erfolgsfaktoren sind.

Mittlerweile hat sich die Erkenntnis durchgesetzt, dass emotionale Intelligenz ein wichtiges Merkmal erfolgreicher Organisationen ist.

In diesem vierten Take-Charge-Schritt werden Sie lernen, Ihr Einfühlungsvermögen gegenüber sich selbst zu pflegen. Wenn Sie sich selbst nicht lieben, leidet auch Ihr Arbeitsleben darunter, da Ihnen dann das Vertrauen und die Zuversicht fehlen, die eine wahrhaft souveräne Persönlichkeit ausmachen. Es ist daher kein narzisstisches Bestreben, die Selbstliebe zu fördern – es ist vielmehr die Basis für einen anhaltenden Erfolg.

Sie können Ihre emotionale Intelligenz und Ihre Selbstliebe Tag für Tag mehren, sobald Sie die psychologischen Tricks dafür beherrschen – und sie regelmäßig anwenden.

Wie würden Sie folgende Fragen beantworten: Akzeptieren und lieben Sie sich wirklich so, wie Sie sind? Haben Sie tief in Ihrem Herzen ein gutes Gefühl sich selbst gegenüber oder tendieren Sie dazu, sich selbst abzuwerten, indem Sie glauben, dass Sie nicht gut genug oder nicht schlau genug oder zu schwach, zu hässlich oder sonst wie nicht in Ordnung sind? Wie sehen Sie sich selbst? Wie lauten die Negativaussagen in Ihrem Kopf, die Sie ständig zu Boden werfen und Sie daran hindern, sich zu öffnen und sich selbst so zu lieben, wie Sie sind?

Machen Sie nun eine Pause und legen Sie das Buch zur Seite ... Schwingen Sie sich auf Ihre Atmung ein ... und auch auf die Gefühle in Ihrem Herzen ... Blicken Sie ehrlich nach innen, um zu erkennen, was Sie sich selbst gegenüber empfinden ... Mögen Sie sich ..., sind Sie sich selbst der beste Freund ...? Oder sind Sie der Meinung, so, wie Sie sind, nicht liebenswert zu sein?

Halten Sie inne & erleben Sie

Sich selbst der beste Freund sein

Jeder Mensch wünscht sich einen besten Freund, der ihn so liebt und akzeptiert, wie er ist. Das macht den besten Freund schließlich aus: Er ist ein Mensch, bei dem wir ganz wir selbst sein können, der uns vorbehaltlos annimmt. Wir alle sehnen uns nach einer solchen besonderen Beziehung und einige von uns haben das Glück, einen solchen besten Freund gefunden zu haben – aber viele finden ihn nie. Bedingungslose Liebe und Akzeptanz sind heute leider selten geworden.

Doch warum in die Ferne schweifen ...? Anstatt zu versuchen, einen anderen Menschen zu finden, der Sie so annimmt, wie Sie sind, können Sie einfach selbst Ihr bester Freund werden! Niemand hindert Sie daran, all Ihre Vorbehalte sich selbst gegenüber ziehen zu lassen und sich so zu lieben, wie Sie sind.

> Sobald Sie sich dafür entscheiden, sich selbst nicht mehr zu verurteilen, sondern sich mit all Ihren Fehlern und Schwächen zu akzeptieren und zu lieben, setzen Sie eine einzigartige Kraft in Ihrem Herzen und Ihrem Geist frei, die Ihr Leben grundlegend verändert.

Sich selbst der beste Freund zu sein bedeutet, dass Sie sich nicht länger bewerten, sondern einfach die Liebe in Ihr Herz strömen lassen. Bei unserer langjährigen Arbeit in der Einzel- wie auch in der Unternehmensberatung haben wir festgestellt: Sobald sich ein Mensch dazu entschließt, sich von negativen Konditionierungen aus der Kindheit zu lösen und sich selbst anzunehmen, vollzieht sich eine wunderbare Wandlung. Denn die Liebe ist das wahre Heilmittel und der Kraftspender unseres Lebens. Wenn Sie sich selbst so lieben, wie Sie sind, werden Sie mit der Zeit auch feststellen, dass Sie klarer und kreativer denken sowie tatkräftiger handeln werden.

> Sobald die Veränderung in Ihrem Herzen stattgefunden hat, entwickelt sich alles andere wie von selbst.
> Was können wir also konkret tun, um unsere Eigenliebe zu fördern? Wie können wir unser eigener bester Freund werden?

Wahrscheinlich kennen Sie die Antwort bereits. Lenken Sie die ganze Kraft Ihres Geistes täglich – und anfangs sogar stündlich – in die Richtung, die Ihre Eigenliebe nährt. Sprechen Sie den Fokussatz aus, der Ihre Selbstakzeptanz fördert. Ersetzen Sie Ihre alte Gewohnheit, sich selbst zu verurteilen, durch eine neue, selbstbejahende: die Eigenliebe.

Der Fokussatz der vierten Take-Charge-Ebene lautet: »Ich akzeptiere mich so, wie ich bin ...« Diese Worte werden Ihre Aufmerksamkeit auf die Liebe richten, die Sie in diesem Moment sich selbst gegenüber empfinden. Und während Sie in diese Liebe hineinatmen, wird sie sich ausdehnen (und die Selbsturteile werden von Ihnen abfallen und verschwinden).

Jedes Mal, wenn Sie diesen Satz sagen, wird etwas geschehen.

Ihr Herz öffnet sich ein bisschen mehr für Sie selbst – und das ist ein großartiges Gefühl!

Bitte denken Sie daran, dass die einzelnen Schritte unseres Take-Charge-Prozesses aufeinander aufbauen. Daher sollten Sie – zumindest am Anfang – ihre Reihenfolge einhalten. Wenn Sie nämlich ohne innere Vorbereitung sagen: »Ich akzeptiere mich so, wie ich bin«, wird nicht viel passieren. Ihre Aufmerksamkeit muss zu Beginn immer auf einen physischen Vorgang gerichtet sein: auf Ihre eigene Atmung. Wenn Sie sich auf Ihre Atmung im gegenwärtigen Moment einschwingen, stellen Sie eine unmittelbare Verbindung zu Ihren aktuellen Gefühlen her.

Wie wir bereits gesehen haben, wird Ihre Atmung ständig – positiv oder negativ – von Ihren Emotionen beeinflusst. So, wie Sie sich fühlen, so atmen Sie auch. Sie können Ihre Gefühle nicht von Ihrer Atmung trennen.

Beginnen Sie daher immer mit dem ersten »Wake-Up-Schritt«: Schwingen Sie sich auf die Wahrnehmung Ihrer Atmung ein, so dass Sie Ihre Aufmerksamkeit auf Ihre physische Präsenz im Hier und Jetzt richten. Dehnen Sie anschließend Ihr Bewusstsein aus, um auch die Gefühle in Ihrem Herzen wahrzunehmen, während Sie atmen. Richten Sie Ihre liebevolle Aufmerksamkeit regelmäßig auf die Quelle Ihrer Liebe: auf Ihr Herz. Dies ist der Königsweg, um Ihr eigener bester Freund zu werden.

Gefühle der Akzeptanz und Liebe können nicht fließen, wenn Sie von wertenden Gedanken oder ängstlichen Gefühlen vereinnahmt sind. Daher sollten der zweite und dritte Schritt vor dem vierten erfolgen.

Sagen Sie: »Ich lasse meine Sorgen los und fühle mich innerlich ruhig ...« Fahren Sie dann fort, indem Sie sagen: »Ich akzeptiere jeden so, wie er ist.« Erst wenn Ihre angsterfüllten und wertenden Gedanken und ängstlichen Gefühle tatsächlich zur Ruhe gekommen sind, sind Sie wirklich bereit zu sagen: »Ich akzeptiere mich so, wie ich bin.«

Diesem Prozess liegt eine klare psychologische Logik zugrunde, die wir jahrelang entwickelt haben – und die tatsächlich funktioniert. Machen Sie die ersten vier Schritte der Reihe nach immer wieder durch, wagen Sie den Sprung und erleben Sie, was passiert. Erinnern Sie sich an das alte Sprichwort: »Wer nicht wagt, der nicht gewinnt.«

Selbstliebe üben

Wenn Sie sagen: »Ich akzeptiere mich so, wie ich bin«, und diese Worte in Ihrem Inneren nachklingen lassen, während Sie bewusst in dieses Gefühl der Akzeptanz und Liebe hineinatmen, wird etwas geschehen. Anfangs denken Sie vielleicht noch: »Nein, das stimmt nicht, ich akzeptiere mich nicht so, wie ich bin!«

Wenn das der Fall ist, sollten Sie den Fokussatz einfach noch einmal wiederholen und das Gefühl der Liebe zu sich selbst zulassen – selbst wenn es nur ein ganz klein wenig ist. Es geht darum, Ihre Aufmerksamkeit von Selbstabwertungen auf Selbstakzeptanz zu verlagern.

> Selbst wenn Sie in Ihrem Inneren nur ein bisschen Zuneigung für sich selbst finden, erzeugen und mehren Sie die guten Gefühle, sobald Sie Ihre liebevolle Aufmerksamkeit darauf lenken. Und zu erleben, wie das eigene Herz sich langsam öffnet, ist eine wunderbare Erfahrung.

Beobachten Sie jeweils ein paar Atemzüge lang, was geschieht, wenn Sie aufhören, sich selbst zu verurteilen, und sich stattdessen mit den Augen eines besten Freunds betrachten. Riskieren Sie es einfach.

> Sie sind der Mensch, der Sie sind. Und Sie sind liebenswert, so, wie Sie sind.

Sobald Sie erkennen, dass Sie die Wahl haben zwischen Selbstverachtung und Selbstakzeptanz, und die positive Wirkung erleben, wenn Sie sich für die Eigenliebe entscheiden, haben Sie eigentlich keine Wahl mehr. Wir wissen alle, dass ein Kind emotional verkümmert und sich auch intellektuell nicht weiterentwickelt, wenn wir ihm keine Liebe entgegenbringen und ihm ständig seine schlechten Eigenschaften vorhalten. Wenn wir ihm dagegen regelmäßig sagen, dass wir es lieben, wenn wir es unterstützen und unser Augenmerk auf seine guten Eigenschaften richten, dann blüht das Kind auf. Wir möchten Sie dazu auffordern, mit sich selbst wie mit einem geliebten Kind umzugehen: Begegnen Sie sich selbst regelmäßig mit Liebe und Akzeptanz, dann werden auch Sie sich prächtig entwickeln.

Wie wir schon erwähnten: Sie müssen nicht über die Bedeutung der Worte nachdenken, die Sie aussprechen. Erleben Sie einfach, wie Sie die Fokussätze zu sich selbst sagen, und lassen Sie sie in Ihrem Inneren nachklingen. Gehen Sie die vier Schritte nun nacheinander durch und widmen Sie jedem einzelnen zwei bis drei Atemzüge ... Spüren Sie, wie die Sätze im Verbund wirken:

– »Ich erlaube mir, mich gut zu fühlen ...«
– »Ich lasse meine Sorgen los und fühle mich innerlich ruhig ...«
– »Ich akzeptiere jeden so, wie er ist ...«
– »Ich akzeptiere mich so, wie ich bin.«

Halten Sie inne & erleben Sie

Manipulieren oder teilnehmen

Es gibt grundsätzlich zwei Wege, an das Leben heranzugehen, vor allem bei der Arbeit. Sie können entweder versuchen, eine Situation zu manipulieren, oder daran teilnehmen und sich einbringen. Die Manipulation ist eine auf Angst basierende Aktion des Egos. Dabei versuchen Sie, die Kontrolle über eine Situation auszuüben. Die Teilnahme, das Sich-Einbringen, ist eine auf Liebe basierende Aktion des Egos. Dabei bemühen Sie sich (gemeinsam mit anderen) darum, dass eine Situation sich so entwickelt, dass sie allen Beteiligten möglichst entspricht.

Sehen wir uns folgendes Beispiel aus der Praxis an. Stellen Sie sich vor, Sie arbeiten als Verkäufer/in in einem Einzelhandelsgeschäft und ein Kunde betritt den Laden.

Sie können ihm nun entweder mit der Absicht begegnen, ihn zu einem Kauf zu bewegen oder ihn bestmöglich zu bedienen und ihm dabei vielleicht etwas zu verkaufen. Dies sind Ihre Möglichkeiten und Sie müssen sich für eine von beiden entscheiden.

Wenn Sie vorhaben, den Kunden auf jeden Fall zu einem Kauf zu bewegen, werden Sie ihn sofort beurteilen, ihn in eine bestimmte Schublade stecken und versuchen, eine Verkaufsstrategie anzuwenden, auf die er anspringt. Wenn Sie solche manipulativen Verkaufstechniken gut beherrschen, wissen Sie, wie Sie die Schwächen des Kunden ausnutzen und ihn dazu bringen zu kaufen, was Sie ihm anbieten – selbst wenn es nicht das ist, was er eigentlich möchte. Sie schalten also sofort in den Denkmodus um, ignorieren die Gefühle in Ihrem Herzen und gehen geschickt »zum Angriff« über – denn das entspricht Ihrem Verständnis von Erfolg.

Sie können sich allerdings auch für eine ebenso bewährte beziehungsweise noch bessere Verkaufsstrategie entscheiden, bei der Sie sich dafür einsetzen, dass der Kunde findet, was er sucht, oder akzeptieren, dass Ihr Geschäft nicht das Richtige für ihn hat. Sobald Sie den Kunden erblicken, lösen Sie sich von der angstbehafteten Vorstellung, dass Sie ihm etwas verkaufen müssen, da Ihnen sonst etwas Schlechtes widerfährt.

Stattdessen sagen Sie zu sich selbst: »Ich lasse meine Sorgen (nichts zu verkaufen) los und fühle mich innerlich ruhig.« Während Sie auf diesen Menschen zugehen, kann er bereits erkennen, dass Sie ruhig, ausgeglichen und nicht gestresst sind – und wird entsprechend positiv darauf reagieren. Sie vermitteln ihm ein gutes Gefühl, da Sie sich selbst gut fühlen.

Und anstatt den Kunden zu beurteilen, sagen Sie zu sich selbst: »Ich akzeptiere diesen Menschen so, wie er ist.« Sie gehen also mit einem Gefühl der Empathie auf ihn zu – Sie sind auf ehrliche Weise freundlich zu ihm.

Gleichzeitig sorgen Sie für ein positives Gefühl sich selbst gegenüber, indem Sie sagen: »Ich akzeptiere mich so, wie ich bin.« So erwecken Sie Ausstrahlung in sich und können einen herzlichen Kontakt zum Kunden herstellen. Sie sind ein liebevoller Mensch, der dem anderen so gut wie möglich helfen will.

In diesem erweiterten Empathiezustand werden Sie ohne manipulative Strategie auf die Bedürfnisse des anderen eingehen und der Kunde wird sich verstanden und gut betreut fühlen. Allein die Erfahrung, Zeit miteinander zu verbringen, wird für Sie eine angenehme sein, egal, ob es zu einem Kauf kommt oder nicht. Falls Sie anzubieten haben, was der Kunde möchte, kommt es zu einem Verkauf, von dem beide Seiten profitieren. Wenn Sie nicht haben, was der Kunde möchte, schicken Sie ihn zu einem Geschäft, in dem er den gesuchten Artikel findet. Sie sind damit trotz allem erfolgreich, da der Kunde Ihre Ehrlichkeit und Freundlichkeit schätzt und Ihr Geschäft auch in Zukunft wieder aufsuchen wird.

> Dieser Ansatz, bei dem man einem anderen einfühlsam begegnet anstatt ihn zu manipulieren, wird im Geschäftsleben immer häufiger bevorzugt, da er funktioniert. Sobald Sie sich nicht darauf konzentrieren, was Sie selbst wollen, sondern darauf, was der Kunde möchte, erhöhen sich die Verkaufszahlen. Verkäufer und Kunde profitieren gleichermaßen davon.

Ein Verkaufsprozess kann mehr sein als eine rein geschäftliche Transaktion. Er ist eine Gelegenheit, sich gegenseitig zu helfen und eine ehrliche Beziehung zueinander aufzubauen. Wenn Sie sich selbst nicht lieben, wird es Ihnen schwer fallen, anderen gegenüber Liebe zu empfinden, und Sie werden den Kunden lediglich als ein Mittel zur Umsatzsteigerung betrachten.

In jeder Arbeitssituation haben Sie die Wahl, entweder empathische Gefühle zu entwickeln oder aber in manipulativen

Verhaltensweisen hängen zu bleiben, die Ihre Wünsche zwar kurzfristig erfüllen mögen, auf lange Sicht aber negativ auf Sie zurückfallen werden. Wir schreiben Ihnen nicht vor, wie Sie sich entscheiden sollen, aber wir sagen Ihnen ausdrücklich, dass Sie eine Wahl haben.

Einen freundlichen Gedanken festhalten

Sie kennen das sicher auch: Sie haben einen bestimmten negativen Gedanken oder Satz im Kopf, den Sie innerlich ständig wiederholen – manchmal nur halb bewusst. Jeder Mensch ist gelegentlich auf vage Gedanken fixiert, wie zum Beispiel: »Ich weiß, dass ich den Bericht zu spät abliefern werde.« – »Ich bin zu dumm für diese Arbeit.« – »Ich habe wirklich die Nase voll von diesem Menschen.« – »Ich wünschte, ich wäre im Urlaub!« – »Wenn ich das vermassle, werden Sie mich entlassen.« – »Niemand hier mag mich wirklich.« Ohne ein bewusstes Mind-Management können diese vagen Gedanken leicht außer Kontrolle geraten und uns den ganzen Tag verderben. Was können Sie also dagegen tun?

Wir schlagen Ihnen vor, diesen Wiederholungsmechanismus des Geistes zu Ihrem Vorteil zu nutzen, indem Sie sich angewöhnen, nützlichere Gedanken durch Ihr Bewusstsein strömen zu lassen – insbesondere die Fokussätze, die wir Ihnen beibringen.

Solche nützlichen Gedanken sollen weder Wunschdenken noch positive Affirmationen, sondern einfach nur freundlich sein und Ihre Aufmerksamkeit in Richtungen lenken, die Ihnen ein besseres Gefühl vermitteln, Ihnen mehr Kraft verleihen und Ihre Arbeitsleistungen steigern.

Wir haben bereits erwähnt, dass es ratsam ist, die Fokussätze anfangs vollständig und in der richtigen Reihenfolge anzuwenden, da die einzelnen Schritte aufeinander aufbauen.

Aber wenn Sie den gesamten Prozess an einem Tag bereits mindestens einmal – am besten gleich morgens – durchlaufen haben, sollten Sie es zulassen, dass ein Fokussatz in Ihrem Kopf hängen bleibt – als ständiger, stiller Gedanke, der den Teil Ihres Geistes erfüllt, wo normalerweise die negativen Einzeiler lauern.

Stellen Sie sich vor, wie sich Ihr Leben verändert, wenn Sie einen Satz wie »Ich atme frei« oder »Ich erlaube mir, mich gut zu fühlen« im Kopf behalten – wie einen leisen Gesang, der Sie ständig dazu ermuntert, sich zu entspannen und gut zu fühlen. Vielleicht entscheiden Sie sich auch für den Satz »Ich lasse alle meine Sorgen los«, so dass die Angst zu verschwinden beginnt.

Oder Sie sagen – als stilles Geschenk – zu den Menschen in Ihrer Umgebung: »Ich akzeptiere euch alle so, wie ihr seid.« Natürlich sollten Sie auch unbedingt erkunden, wie es ist, wenn eine grundlegende Aussage wie »Ich liebe mich so, wie ich bin« beständig durch Ihren Geist strömt.

Egal, wofür Sie sich entscheiden: Es steht Ihnen immer frei, diese Sätze wieder und wieder zu rezitieren.

> Lassen Sie die Worte ruhig in Ihrem Geist verweilen, während Sie Ihren Beschäftigungen weiter nachgehen. Auf diese Weise übernehmen nämlich Sie die Kontrolle über die negativen Einzeiler und ersetzen sie durch Aussagen, die gute Erfahrungen in Ihr Leben bringen.

»Ich akzeptiere mich so, wie ich bin« – Der vierte Aufbauschritt

Schwingen Sie sich mit Ihrer Aufmerksamkeit erneut sanft und vollständig . . .
auf Ihre Atmung ein . . .
auf die Bewegungen in Ihrer Brust und Ihrem Bauch . . .
auf Ihr Herz . . .
auf Ihre ganzkörperliche Präsenz . . .

Gehen Sie nun die unten stehenden Fokussätze durch. Lassen Sie zu, dass sie ihre magische Wirkung entfalten . . ., geben Sie ihnen Zeit, Ihr Herz zu berühren . . .

»Ich erlaube mir, mich gut zu fühlen . . .«
Seien Sie offen für eine neue Erfahrung . . .

»Ich lasse meine Sorgen los und fühle mich innerlich ruhig . . .«
Seien Sie offen für eine neue Erfahrung . . .

»Ich akzeptiere jeden so, wie er ist . . .«
Seien Sie offen für eine neue Erfahrung . . .

»Ich akzeptiere mich so, wie ich bin . . .«
Seien Sie offen für eine neue Erfahrung . . .

Halten Sie inne & erleben Sie

Wiederholung anhand eines praktischen Beispiels

Zur Wiederholung des bereits Gelernten wollen wir uns folgendes Szenario ansehen.

Stellen Sie sich vor, Sie sind in einer geschäftlichen Sitzung und sollen in ein paar Minuten eine Rede halten. Nervös warten Sie darauf, dass Sie an die Reihe kommen. Während die Zeit vergeht, werden Sie immer angespannter. Ihre Gedanken kreisen um vage negative Einzeiler des Inhalts, dass Sie stolpern und versagen könnten. Ihre Emotionen reagieren auf Ihr mangelndes Selbstvertrauen – Sie fühlen sich schwach und verunsichert. Ihre Atmung ist angestrengt und flach, Ihr Bewusstsein zieht sich zusammen: Sie werden zu einem Opfer Ihrer inneren Unsicherheit und verlieren das Vertrauen in sich selbst, das wesentlich ist für eine gute Kommunikation und Selbstdarstellung.

Wie können Sie nun aus diesem sorgenerfüllten, geistig und körperlich niedergeschlagenen Zustand ausbrechen? Wie können Sie rasch umschalten, so dass Sie eine großartige Rede halten werden?

Erstens

Sie müssen zunächst erkennen, dass alte Vorstellungsmuster und negative Gedanken die Kontrolle über Ihren Geist übernommen haben, dass Ihre Atmung angespannt und flach ist, Ihr Körper sich vor lauter Angst schwach fühlt und Ihr Herz verkrampft und gefühllos ist. Mit dieser ganzen Problematik vor Augen beginnen Sie zu sich selbst zu sprechen.

Atmen Sie aus und sagen Sie: »Ich erlaube mir, mich gut zu fühlen ...« Halten Sie den Atem an, bis Sie von den niederschmetternden Gedanken auf den positiven Lebensfunken in Ihrem Solarplexus umgeschaltet haben. Entspannen Sie sich dann und lassen Sie bei der nächsten tiefen Einatmung die Luft kräftig in sich hineinströmen – kosten Sie dieses Gefühl ebenso aus wie die Ausdehnung in Ihrer Brust und Ihrem Bauch und das ganzkörperliche Bewusstsein, das Sie nun erreicht haben.

Zweitens

Besonders wenn die Zeit knapp ist, können Sie mit diesem ersten Schritt häufig schon die gewünschte Wirkung erzielen: Sie werden sich von Ihren Selbstzweifeln befreien, sich auf Ihre innere Kraft einschwingen und sich bereits viel besser fühlen. Wenn Sie etwas mehr Zeit haben, dann gehen Sie jetzt zum zweiten Schritt über. Sagen Sie zu sich selbst: »Ich lasse meine Sorgen los und fühle mich innerlich ruhig ...« Erlauben Sie diesen Worten, Ihre Atmung noch mehr zu befreien und ein gutes Gefühl mentaler Ruhe in Ihren Kopf zu bringen.

Drittens

Wenn die Zeit es zulässt, gehen Sie nun zum dritten Schritt über, indem Sie sagen: »Ich akzeptiere jeden hier so, wie er ist ...« Lassen Sie Ihre Negativurteile gegenüber den anderen Sitzungsteilnehmern los, befreien Sie Ihr Herz von der Last der Spannung zwischen sich und den anderen. Entscheiden Sie sich dafür, die Welt so zu akzeptieren, wie sie ist – denn das versetzt Sie in einen optimalen Zustand voll innerer Klarheit und Kraft.

Viertens

Vollziehen Sie nun den nächsten wichtigen Schritt. Sagen Sie die magischen Worte zu sich selbst, die auf äußerst wirkungsvolle Weise Ihr Selbstwertgefühl und Ihre Zuversicht aktivieren: »Ich akzeptiere mich so, wie ich bin ...«

Wenn die Zeit für Ihre Rede gekommen ist, sind Sie mit Ihrem ganzen Körper präsent, haben eine positive Ausstrahlung und erwidern die Blicke der anderen voller Akzeptanz und Anteilnahme. Ihr Geist ist hellwach, Ihre Sinne sind geschärft und Ihr Herz ist offen für eine Rede, die Ihre Zuhörer für Sie einnehmen wird.

Das ist die Formel für den Erfolg. Im Folgenden finden Sie noch einmal die Soforthilfe für den Notfall, also die vier Schritte in Kurzform zum Üben und Auswendiglernen.

Übung macht den Meister. Räumen Sie sich daher in den nächsten Tagen jeweils fünf bis zehn kurze Atempausen ein, um diesen Prozess beherrschen zu lernen. Sie werden jedes Mal enorm davon profitieren, da Ihre Stimmung sich verbessert und Sie Ihren inneren »Umschaltmuskel« trainieren, der immer kräftiger wird und Sie so zu immer höheren Leistungen und immer größeren Genüssen führt.

Legen Sie los!

– »Ich erlaube mir, mich gut zu fühlen.«
– Atmen Sie aus – halten Sie den Atem an – atmen Sie ein – spüren Sie die neue Energie!
– »Ich lasse meine Sorgen los und fühle mich innerlich ruhig.«
– »Ich akzeptiere jeden so, wie er ist.«
– »Ich akzeptiere mich so, wie ich bin.«
– Gehen Sie es nun zuversichtlich und kraftvoll an!

Teil drei

Erkenntnisse, Weisheit und Integrität

Die Kreativität entfalten

Der fünfte Schritt des Take-Charge-Prozesses bietet den größten Gewinn für das Arbeitsleben. Diese Stufe basiert auf den ersten vier Schritten und setzt den erreichten Bewusstseinszustand auf pragmatische Weise ein. Sie sind mittlerweile ganz in Ihrem Körper zu Hause, haben Ihren Geist beruhigt, sich von Sorgen befreit, aufgehört, über andere zu urteilen, und sie stattdessen akzeptiert – und Sie haben Ihr Herz geöffnet, um sich selbst zu lieben.

> Sie sind nun in einer optimalen geistigen und emotionalen Verfassung und können auf den »Empfangsmodus« umschalten, in dem Sie sich für die Erkenntnisse und Inspirationen öffnen, die nun in Ihr Bewusstsein aufsteigen.

Dies versetzt Sie in die Lage, ein Problem als ganzes Bild auf einmal wahrzunehmen. Und diese ganzheitliche Perspektive erhöht Ihre Problemlösungs- und Entscheidungskompetenz erheblich.

Sie werden zudem Ihre emotionale Intelligenz erweitern, da der fünfte Schritt im Take-Charge-Prozess Ihnen hilft, emotionale Klarheit zu schaffen, tiefer gehende Beziehungen herzustellen und große Empathie zu entwickeln.

Loslassen – und erfassen

Eine Grundregel im Leben ist, dass wir – wenn wir vorwärts kommen wollen – Altes loslassen müssen, um Raum für Neues zu schaffen. Das gilt auch für die Funktionsweise unseres Geistes: Wir müssen ihn vorübergehend beruhigen und uns vom ständigen Gedanken-Wirrwarr in unserem Kopf lösen. Erst dann sind wir offen für tiefere Erkenntnisse aus unserem großen inneren Repertoire.

Sicherlich wissen Sie, wie es ist, wenn man mit aller Macht versucht, ein schwieriges Problem zu lösen. Man zermartert sich das Hirn und probiert es mit allen möglichen logischen Denkansätzen – aber trotzdem will einem keine kreative Lösung einfallen.

Viele Probleme, die uns die Arbeit aufgibt, erfordern einen Erkenntnis- und Kreativitätssprung, bei dem Sie Ihre gewohnten Problemlösungsstrategien außer Acht lassen, eine Atempause einlegen, einen Schritt zurücktreten, um die Gesamtheit der Situation zu erfassen und mit frischem Geist offen für eine neue Vision sind.

Nur wenn Sie sich dafür entscheiden, den Schalter in Ihrem Geist umzulegen, wird es Ihnen gelingen, sich über gewohnte Denkmuster hinwegzusetzen, und Sie bekommen neue Inspirationen, die das Problem lösen.

Sagen Sie also zunächst: »Ich erlaube mir, mich gut zu fühlen«, um sich zu sammeln und für alles Weitere mental vorzubereiten. Erkenntnisse und Geistesblitze werden nicht hervorgerufen, wenn Sie angespannt sind und keine Verbindung zu angenehmen Gefühlen in Ihrem Körper haben. Sie entstehen, wenn Sie sich entspannen und sich erlauben, den gegenwärtigen Moment zu genießen.

Damit Kreativität sich entfalten kann, ist eine zumindest vorübergehende Abwesenheit von Sorgen und Angst Voraussetzung. Ein sorgenvoller Geist ist angespannt und unkreativ. Machen Sie daher gleich weiter und sagen Sie: »Ich lasse meine Sorgen los und fühle mich innerlich ruhig.«

Dieser wichtige Schritt befreit Ihren Geist: Sie lassen Ihre Sorgen los und schaffen somit Platz für etwas Neues. Wenn wir in der Arbeit auf ein Problem stoßen, reagieren wir häufig angstvoll darauf. Daher ist es am besten, uns zunächst mit unserer Angst zu befassen, bevor wir versuchen, das Problem zu lösen.

Die dritte Voraussetzung für Kreativität besteht darin, Bewertungen vorübergehend auszuschalten, da diese dazu tendieren, neue Erkenntnisse sofort zu kritisieren. Bei einer kreativen Problemlösung müssen Sie Risiken eingehen, es möglicherweise auf erfolglose Versuche ankommen lassen, über bewährte Vorgehensweisen hinausgehen und neue Perspektiven entwickeln. Wenn Sie befürchten, ausgelacht zu werden, vor allem von Ihrem eigenen urteilenden Selbst, ist es notwendig, sich für eine Weile von ihm zu trennen.

Formulieren Sie den Fokussatz: »Ich akzeptiere jeden so, wie er ist«, also entsprechend um und sagen Sie stattdessen: »Ich löse mich davon, kritisch zu sein – ich löse mich davon zu urteilen.« Schalten Sie die kritische Stimme Ihres Geistes zumindest für ein paar Minuten aus, damit Sie neue Ideen und Erkenntnisse zulassen und ausloten können.

Natürlich wird Ihre Kreativität auch dann sabotiert, wenn Sie kein positives Gefühl sich selbst gegenüber haben. Nichts zerstört einen schöpferischen Prozess mehr als strenge Selbstbewertungen.

Solange Sie zulassen, dass selbst-sabotierende Aussagen Ihren Geist dominieren (»Ich bin nicht kreativ.« – »Nie habe ich gute Ideen.« – »Ich kann das nicht.«), wird Ihr kreatives Potenzial klein gehalten.

Es ist daher immer weise, ein bis zwei Atemzüge darauf zu verwenden, die positive Beziehung zu Ihrem Selbst zu aktivieren, indem Sie sagen: »Ich liebe mich so, wie ich bin.« Das Wort »Liebe« in diesem Zusammenhang auszusprechen ist essenziell.

Kreativität setzt eine Leichtigkeit des Seins voraus, ein Gefühl der Akzeptanz, der Offenheit und des (Selbst-)Vertrauens sowie die Bereitschaft, Risiken einzugehen. Sobald Sie Ihre Aufmerksamkeit auf die Liebe zu Ihrem kreativen Potenzial richten, erlauben Sie sich, zu entspannen, zu genießen, sich auszudehnen – ideale Voraussetzungen für Spontaneität, Kreativität und Inspiration.

Geistesblitze empfangen

Und jetzt, nach nur ein bis zwei Minuten innerer Vorbereitung, steht Ihr Geist auf Empfang. Welcher Fokussatz könnte nun Ihre Kreativität freisetzen?

Wir haben viele verschiedene Varianten getestet und herausgefunden, dass folgende Worte am wirksamsten sind: »Ich öffne mich für neue Einsichten und Ideen.«

Sagen Sie es – tun Sie es! Bringen Sie Ihre Absicht zum Ausdruck und schalten Sie auf den Empfangsmodus um, damit Sie offen sind für neue Ideen und Erkenntnisse, Eingebungen und Kreativität.

Kreativität lässt sich nicht erzwingen. Aber Sie können ihr Raum geben, damit sie entstehen und sich entfalten kann. Genau das tun wir mit diesem speziellen Fokussatz.

Sie wissen vermutlich, wie es ist, wenn Sie einen Geistesblitz haben, der Ihnen eine Antwort liefert, um die Sie schon lange gerungen haben. Diese plötzliche Eingebung entstammt Ihren tiefen Erkenntnis- und Kreativitätsebenen, über die Sie zwar verfügen, die Sie aber selten ausschöpfen, obwohl sie Ihrem Leben eine besondere Qualität verleihen. Sie kennen nun ein kognitives Werkzeug, das Sie in die Lage versetzt, zu diesen Ebenen vorzustoßen, wann immer Sie möchten.

Um in den kreativen Modus umzuschalten, absolvieren Sie zunächst die vier Vorbereitungsschritte:

»Ich erlaube mir, mich gut zu fühlen.«
»Ich lasse meine Sorgen los und fühle mich innerlich ruhig.«
»Ich akzeptiere jeden so, wie er ist.«
»Ich akzeptiere mich so, wie ich bin.«

Und wenn Sie bereit sind, sagen Sie jeweils beim Ausatmen einige Male zu sich selbst: »Ich öffne mich für neue Einsichten und Ideen.«

Bleiben Sie sich in den nächsten Augenblicken Ihrer Atmung bewusst . . ., Ihres Herzens . . ., Ihrer ganzkörperlichen Präsenz . . .

und freunden Sie sich mit diesem offenen, empfangenden Geisteszustand an ... Erkunden Sie alle Ideen, Visionen und Herangehensweisen, die Ihnen vielleicht spontan einfallen ...

Halten Sie inne & erleben Sie

Intuition – ein wissenschaftliches Rätsel

Auf der fünften Stufe unserer Bewusstseinserweiterung gelangen wir in einen Bereich, der jenseits des wissenschaftlich Erklärbaren liegt. Die Wissenschaftler räumen offen ein, dass sie nicht viel darüber aussagen können, wie Kreativität und plötzliche Eingebungen – Intuitionen – zustande kommen.

Die intuitive Funktion des Geistes ist nach wie vor ein großes Rätsel. Wir wissen, dass das Gehirn sich auf höhere Ebenen einklinken und uns Erkenntnisse liefern kann, die jenseits des logischen Denkens liegen. Wir erleben immer wieder, dass wir solche Erkenntnisse haben – doch wir wissen nicht, wie es dazu kommt.

Allerdings wissen wir aus der Gehirnforschung, dass wir in der Regel nur einen Teil unseres Gehirns nutzen, nämlich dann, wenn wir logisch über etwas nachdenken. Ein viel größerer Gehirnbereich ist dagegen beteiligt, wenn wir Geistesblitze haben. Nicht nur die rationalen Bereiche der linken Gehirnhälfte, sondern auch die kreativen Regionen der rechten Gehirnhälfte sind dabei aktiv.

Im Bereich der Arbeit wird vorwiegend logisches Denken angewandt, da es erlaubt, Entscheidungen mit empirischen, quantifizierbaren Daten zu untermauern.

Unsere Methode, bei der das gesamte Gehirn und sein kreatives Potenzial genutzt werden, wird zwar noch nicht an den Universitäten gelehrt, aber erfolgreiche Unternehmen sollten sie sich zunutze machen, da sie stets innovativ sein müssen. Und das geht nicht ohne Inspiration und spontane Erkenntnisse.

Damit ein Unternehmen innovativ sein kann, müssen seine Angestellten kreativ sein. Manchmal werden Teams aus den klügsten Köpfen zusammengestellt, damit sie neue Ideen entwickeln. Doch selbst beim Brainstorming bleiben die meisten in logischen Denkmustern hängen, da sie noch nie ein spezielles Intuitionstraining oder die mentalen Instrumente zur Entfaltung ihrer Kreativität erhalten haben.

Unsere Methode bietet all dies: Sie schalten auf einen geistigen Zustand um, der Ihrer Kreativität Raum gibt. Und wenn die so gewonnenen intuitiven Erkenntnisse mit dem rationalen Denken kombiniert werden, ist der Boden bereitet für große Innovationen in jedem Unternehmensbereich.

Die praktische Anwendung

Wir wollen uns nun ansehen, wie Sie die fünfte Stufe der Bewusstseinserweiterung unmittelbar in Ihrem Arbeitsalltag anwenden können.

Es kommt häufig vor, dass Sie sich zwischen zwei Dingen entscheiden müssen, beispielsweise für die eine oder die andere Vorgehensweise. Sie haben beide Möglichkeiten rational geprüft, beide haben ihr Für und Wider. Nun müssen Sie dringend eine Entscheidung treffen. Was können Sie tun?

Sie sollten innehalten und sich vorübergehend von Ihrem logischen Gedankengang lösen, damit der intuitive Prozess in Gang kommen und seine Gesamtsicht der Situation einbringen kann. Machen Sie die ersten vier Schritte des Take-Charge-Prozesses durch und sagen Sie dann: »Ich öffne mich für neue Einsichten und Ideen ...« Bleiben Sie sich weiterhin Ihrer Atmung bewusst ..., nehmen Sie das Gefühl der Luft wahr, die durch Ihre Nase ein- und ausströmt ..., die Bewegungen in Ihrer Brust und Ihrem Bauch ... und die Gefühle in Ihrem Herzen ... Und seien Sie inmitten dieser Erfahrung im gegenwärtigen Moment offen für die Dinge, die Ihnen einfallen ... Schaffen Sie Raum in Ihrem Geist, so dass das Neue mühelos aufsteigen kann ...

Jetzt ist Geduld gefragt

An diesem Punkt stehen Sie vor der Herausforderung, mit der Kraft Ihrer Eingebung nicht ungeduldig zu sein. Nichts verhindert Intuition mehr als Ungeduld. Es gibt keinen Weg, Geistesblitze herbeizuzwingen. Sie können sich lediglich dafür öffnen – dann werden sie von selbst in ihrem eigenen Tempo zu Ihnen kommen.

Manchmal werden Sie wochenlang auf eine Eingebung warten – und manchmal macht es schon »Klick«, während Sie noch mitten im Prozess der Bewusstseinserweiterung stecken. Plötzlich taucht die Antwort klar und deutlich vor Ihrem inneren geistigen Auge auf.

Bei den ersten vier Take-Charge-Schritten spüren Sie die Wirkung unmittelbar. Sie spüren die Luft, die durch Ihre Nase ein- und ausströmt, und fast augenblicklich wird Ihre Atmung tiefer, gewinnen Sie an Energie und sind mit Ihrem ganzen Körper präsent. Oder Sie sagen zu sich selbst: »Ich lasse meine Sorgen los und fühle mich innerlich ruhig«, und spüren sofort den Effekt. Das Gleiche trifft zu, wenn Sie sich von Ihren Urteilen lösen und sich selbst lieben: Sagen Sie es und Sie werden fast immer eine unmittelbare positive innere Reaktion spüren.

Beim fünften Schritt kann es manchmal ebenso schnell gehen – aber häufig kommt es zu einer Verzögerung zwischen der Durchführung des Prozesses und der spürbaren Wirkung. Bis die Lösung für Ihr Problem scheinbar aus dem Nichts auftaucht, können Momente vergehen, Minuten, Stunden, Tage. Beenden Sie dann die Sitzung und widmen Sie sich anderen Dingen; geben Sie der Antwort Zeit zum Reifen. Dieser Reifungsprozess ist für intuitive Erkenntnisse äußerst wichtig. Wir haben Geistesblitze, wenn wir sie am wenigsten erwarten und nicht bewusst danach Ausschau halten.

> Seien Sie daher geduldig, damit spontane Erkenntnisse und Eingebungen in ihrer eigenen Geschwindigkeit an die Oberfläche Ihres Bewusstsein gelangen können.

Intuitive Erkenntnisse können in verschiedenen Gestalten erscheinen: als plötzlicher Gedanke, in Form einer Antwort auf das, wonach Sie suchten, oder als langsames Dämmern. Oder Sie haben vielleicht einen Traum, der Ihnen die Einsicht schenkt. Oder die Antwort ist in einer Bemerkung enthalten, die eigentlich nichts mit Ihrem Problem zu tun hat. Manche Menschen berichten, dass sie eine innere Stimme hören, die zu ihnen spricht. Eine spontane Erkenntnis kann auf verschiedene Weisen zu Ihnen kommen – aber wenn sie kommt, dann wissen Sie in der Regel sofort, dass Ihnen ein Geistesblitz zuteil geworden ist.

»Ich öffne mich für neue Einsichten und Ideen« – Der fünfte Aufbauschritt

Wo Sie auch sind, ob zu Hause oder an irgendeinem anderen Ort: Nichts kann Sie daran hindern, die folgenden Sätze zu sich selbst zu sagen und Ihren Geist für Kreativität und Intuitionen zu öffnen. Sie können an einer Brainstorming-Sitzung teilnehmen, auf der Autobahn fahren, zu Fuß auf dem Weg zu einem Restaurant sein, im Bett liegen, an Ihrem Arbeitsplatz sitzen, den Rasen mähen, in der Schlange an der Supermarktkasse stehen, duschen oder ein Bad nehmen, eine Spaghettisauce kochen – was Sie auch tun, Sie können fast immer und überall Raum geben für kreative Problemlösungen.

Schwingen Sie sich auf Ihre Atmung ein ..., Ihr Herz ..., Ihre ganzkörperliche Präsenz ... und gehen Sie dann die unten stehenden Fokussätze durch. Lassen Sie zu, dass sie ihre Magie entfalten ... Geben Sie ihnen Zeit, Ihr Herz zu berühren.

– »Ich erlaube mir, mich gut zu fühlen ...«
Erleben Sie es.
– »Ich lasse meine Sorgen los und fühle mich innerlich ruhig ...«
Erleben Sie es.
– »Ich akzeptiere jeden so, wie er ist ...«
Erleben Sie es.

– »Ich akzeptiere mich so, wie ich bin ...«
Erleben Sie es.
– »Ich öffne mich für neue Einsichten und Ideen.«

Tun Sie jetzt gar nichts ... Nehmen Sie lediglich weiterhin Ihre Atmung wahr ... Genießen Sie Ihre Präsenz im Hier und Jetzt ... Erlauben Sie Ihrem Bewusstsein, sich auszudehnen, um das Problem zu umfassen, das Sie zu lösen versuchen ... Atmen Sie in die Präsenz dieses Problems hinein ..., akzeptieren Sie es ... Und während Ihre Atemzüge kommen und gehen ..., seien Sie offen für eine neue Erfahrung ...

Halten Sie inne & erleben Sie

~~~~~~

Und nun wollen wir überprüfen, wie gut Sie diese fünf Fokussätze schon auswendig können.

~~~~~~

Wenn Sie diesen Absatz gelesen haben, schließen Sie die Augen und erleben Sie, was geschieht ...
Lassen Sie Ihre Ego-Stimme jeden der fünf Fokussätze nacheinander aussprechen ... Genießen Sie die reine Freude, diese Sätze zu sagen ... Erlauben Sie jeder Absichtserklärung, in Ihrem Inneren nachzuklingen ...

Halten Sie inne & erleben Sie

~~~~~~
~~~~~~

Weise Entscheidungen treffen

Im ersten Schritt unseres Take-Charge-Prozesses haben wir uns mit den körperlichen Voraussetzungen besserer Leistungen in der Arbeit befasst – mit der Entfaltung unserer Sinne und der Herstellung einer ganzkörperlichen Präsenz im Hier und Jetzt. Im zweiten, dritten und vierten Schritt haben wir uns mit unseren Emotionen, unseren Urteilen über andere und unserer Beziehung zu uns selbst beschäftigt. Im fünften Schritt ging es um die Erweckung unserer Kreativität.

Im sechsten Schritt aktivieren wir nun alle fünf Bewusstseinsdimensionen auf einmal, um eine Qualität zu fördern, die häufig als »Weisheit« bezeichnet wird.

Die Fähigkeit, weise Entscheidungen zu treffen, wird gemeinhin als eine seltene, außergewöhnliche persönliche Eigenschaft angesehen, die man entweder hat oder nicht hat.

Es gibt eine Reihe von historischen Persönlichkeiten, die wir als weise erachten. So gilt beispielsweise Gandhi als weise, ganz zu schweigen von Jesus, Buddha oder Laotse. Viele von uns sehen aber auch ihre Großeltern als weise an.

Die Weisheit wird in der Regel mit einem fortgeschrittenen Alter assoziiert, als sei sie eine Eigenschaft, die sich mit dem Älterwerden stärker ausprägt. Aber gelegentlich begegnet man auch Kindern unter sechs Jahren, deren Ausdruck und Ausstrahlung uns in bestimmten Momenten außergewöhnlich weise erscheinen. Wir bezeichnen sogar Eulen als weise. Und im Bereich der Wirtschaft hoffen wir natürlich, dass Führungskräfte zumindest ein bisschen weise mit ihrer verantwortungsvollen Position umgehen.

Die Weisheit ist im Arbeitsleben schon immer ein wichtiges Thema. Man strebt sie stets an, bewundert sie und vertraut ihr. Aber nur wenige Menschen haben versucht, pragmatisch zu erkunden, was einen Menschen weise macht und wie wir unseren »Weisheitsquotienten« gezielt steigern können. In diesem Kapitel stellen wir Ihnen einen praktikablen Ansatz dazu vor.

Weisheitsqualitäten

Wir haben uns intensiv mit den einzelnen Aspekten der Weisheit befasst und haben festgestellt, dass sie sich aus sieben Qualitäten zusammensetzt.

Die erste Weisheitsqualität

Weise Individuen sind in der Regel in ihrem Körper beheimatet und geerdet, sie sind auf den gegenwärtigen Moment bezogen und haben eine enge Verbindung zur äußeren Welt. Sie verfügen über ein gutes Wahrnehmungsvermögen und reagieren spontan auf alles, was um sie herum geschieht. Als Führungspersönlichkeiten kommen sie gänzlich ohne manipulative oder voreilige Strategien aus und können ihre Mitarbeiter mühelos motivieren und inspirieren.

Die zweite Weisheitsqualität

Weise Menschen haben in der Regel weniger Furcht. Sie haben ihre eigene Sterblichkeit akzeptiert und gelernt, sich von vielen Sorgen und Ängsten zu lösen. Dieses Freisein von Angst ermöglicht ihnen, die Realität unvoreingenommen und klar zu erkennen. Weise Menschen besitzen eine besondere innere Ruhe, die tiefe Reflexionen ermöglicht. Sie verlieren sich nicht in ihren Gedanken – und sind daher auch gute Zuhörer.

Die dritte Weisheitsqualität

Weise Menschen sind unvoreingenommen. In ihrer Gegenwart spüren wir, dass sie uns so sehen, wie wir wirklich sind. Sie respektieren und begegnen uns, ohne uns in irgendeine Schublade zu stecken. Eine Führungspersönlichkeit mit diesen Eigenschaften fördert das Selbstvertrauen und Selbstwertgefühl ihrer Mitarbeiter. Das ist der zentrale Aspekt einer positiven Unternehmenskultur.

Die vierte Weisheitsqualität

Weise Menschen haben ein mitfühlendes Herz und empfinden eine starke Verbundenheit mit anderen. Man sagt auch, dass sie »mit dem Herzen denken und aus dem Herzen heraus handeln«. Weise Führungspersönlichkeiten haben gelernt, ihre Rationalität mit ihrer Emotionalität in Einklang zu bringen. Ihre Wahrnehmungen und Entscheidungen besitzen daher Tiefe und Weite.

Die fünfte Weisheitsqualität

Weise Menschen können vom reinen Denken auf einen offenen, empfänglichen Geisteszustand umschalten. Sie verfügen über intuitive Fähigkeiten. Zur Problemlösung setzen sie ihre Kreativität ein. Ihre Ideen sind vernünftig, fundiert und voller Inspiration.

Die sechste Weisheitsqualität

Weise Menschen sind in der Lage, alle fünf Bewusstseinsdimensionen gleichzeitig zu aktivieren. Seele, Geist und Körper bilden bei ihnen einen harmonischen Dreiklang. Ihre Entscheidungen besitzen Reichweite in jeder Hinsicht.

Die siebte Weisheitsqualität

Weise Führungspersönlichkeiten wissen, wann sie handeln müssen. Bei aller Ruhe und Nachdenklichkeit können sie plötzlich umschalten und voller Energie tätig werden, wenn es erforderlich ist. Sie sind entschlussfreudig und haben keine Angst, schwierige Entscheidungen zu treffen, die sie dann auch beherzt umsetzen.

Unseren Weisheitsquotienten erhöhen

Wie Sie sehen, handelt es sich bei diesen sieben Weisheitsqualitäten genau um jene Eigenschaften und Fähigkeiten, die wir mit dem Take-Charge-Prozess hervorbringen beziehungsweise fördern.

> Wir haben das Take-Charge-Programm so entwickelt, dass Sie das Ihnen innewohnende Potenzial, eine weise Führungskraft zu sein, nutzen und ausbauen können.

In diesem sechsten Schritt wird Ihre Ego-Stimme Ihre Aufmerksamkeit gezielt auf die Integration aller vorherigen Schritte lenken – so dass Sie Ihre stets sich erweiternde Fähigkeit aktiv nutzen können, aus tiefem Herzen zu wissen, was in jeder beliebigen Situation zu tun ist.

Wir hoffen, dass sich die Weisheit des Sieben-Schritte-Prozesses Ihnen mitgeteilt hat. Sicherlich werden Sie nicht immer alle sieben Schritte durchführen. Wenn Sie beispielsweise mit einem Problem in der Arbeit kämpfen, benötigen Sie nur die ersten fünf Schritte, die Ihren Geist für intuitive Erkenntnisse zu Ihrem Problem öffnen. Aber wir ermuntern Sie auch dazu, den Prozess – möglichst ein paar Mal täglich – vollständig durchzuführen.

Uns allen wohnt eine spontane Weisheit inne. Mit dem sechsten und siebten Schritt dieses Programms können wir unser wahres Potenzial und unsere innere Kraft immer besser nutzen.

Eine weise Entscheidung ist mehr als eine rationale Entscheidung. Eine weise Entscheidung erkennen wir daran, dass wir mit unserem ganzen Wesen wissen, dass die Entscheidung richtig ist und dass wir dabei eine Verbundenheit mit unserem gesamten Körper spüren. Auf diese innere Verbundenheit kommt es an, da daraus die Kraft für sicheres Handeln entsteht.

Weise Führungspersönlichkeiten strahlen diese Verbundenheit mit ihrer tiefen inneren Kraftquelle aus. Der sechste Schritt des Take-Charge-Prozesses führt auch Sie dorthin.

»Ich bin mit meiner inneren Quelle verbunden« – Der sechste Aufbauschritt

Ihr berufliches Vorankommen hängt zu einem großen Teil von Ihrer Fähigkeit ab, weise Entscheidungen zu treffen, egal, ob es sich um große oder kleine Entscheidungen handelt. Sie sollten versuchen, die sechs Aufbauschritte drei- bis viermal täglich durchzuführen, bis Sie sie verinnerlicht haben.

Halten Sie nun inne, um sich Ihrer inneren Quelle der Weisheit und Kraft anzunähern. Es ist an der Zeit, ruhig zu werden ... und die besondere Kraft der Fokussätze zu erleben ...

Beginnen Sie zunächst mit dem Wake-Up-Prozess, um tief in die Erfahrung einzutauchen ... Spüren Sie, wie die Luft durch Ihre Nase ein- und ausströmt ..., die Bewegungen in Ihrer Brust und Ihrem Bauch ..., die Gefühle in Ihrem Herzen ..., Ihren ganzen Körper, hier in diesem gegenwärtigen Moment.

Atmen Sie nun ganz aus, halten Sie Ihren Atem an und sagen Sie: »Ich erlaube mir, mich gut zu fühlen.« Erlauben Sie Ihrem nächsten Atemzug, kräftig durch Ihre Nase einzuströmen ..., und lassen Sie zu, dass sich ein allgemeines Wohlgefühl in Ihrem Herzen und Ihrem Körper ausbreitet ...

Sagen Sie nun: »Ich lasse meine Sorgen los ... und fühle mich innerlich ruhig ...«
»Ich höre damit auf, andere Menschen zu beurteilen, und akzeptiere jeden so, wie er ist ...«
»Ich akzeptiere mich so, wie ich bin ...«
»Ich öffne mich für neue Einsichten und Ideen ...«

Und wenn Sie bereit sind, sagen Sie einfach den nächsten Fokussatz und richten Ihre Aufmerksamkeit nach innen. Erleben Sie das Gefühl, mit Ihrer Quelle der Erkenntnis und Weisheit verbunden zu sein ...
»Ich bin mit meiner inneren Quelle verbunden ...« Jedes Mal, wenn Sie diese Worte sagen, geht Ihr Blick etwas tiefer und Sie fühlen sich

stärker verbunden und offen für neue Erkenntnisse ... Erlauben Sie sich, eine neue Erfahrung zu machen ...

Halten Sie inne & erleben Sie

Kraftvoll und sicher handeln

Wir alle schätzen Führungskräfte, die intelligent, ehrlich, kreativ, einfühlsam und weise sind. Mithilfe der ersten sechs Schritte des Take-Charge-Programms können Sie diese Eigenschaften bei sich selbst fördern. Wenn Sie den siebten und letzten Schritt erreicht haben, ist es an der Zeit, Ihre Aufmerksamkeit erneut auf die äußere Welt zu richten – und aktiv zu werden, um die Dinge, die Sie während des Prozesses erreicht haben, konkret umzusetzen!

> Der siebte Fokussatz bringt deutlich zum Ausdruck, dass Ihr zukünftiges Handeln darauf ausgerichtet sein soll, Ihren persönlichen Erfolg zu fördern und das Leben zu genießen, gleichzeitig aber auch anderen Menschen zu dienen. Die Worte dieses Fokussatzes lauten: »Ich bin hier, um zu dienen und das Leben zu genießen.«

Diese Worte sind unabhängig von persönlichen religiösen oder weltanschaulichen Überzeugungen. Sie unterstützen Ihre persönlichen Bedürfnisse sowie das Prinzip, »auf dienende Weise zu führen«. Das will heißen, dass es zu unseren Hauptaufgaben gehört, anderen Menschen dabei zu helfen, das zu bekommen, was sie möchten – egal, welche berufliche Position man hat. In jedem Job in einem Unternehmen (einer Organisation, einer Behörde) hat man eine dienende Rolle, da man für das Wohl des Unternehmens arbeitet. Für diese Bemühungen erhält man seinen Lohn.

> Dieses erweiterte Verständnis von Arbeit soll das konventionelle Hierarchiedenken in einem Unternehmen umkehren. Anstatt sich darauf zu konzentrieren, andere zu kontrollieren und herumzukommandieren, richten Sie sich darauf aus, andere zu unterstützen und positiv zu bestärken.

Sie werden feststellen, dass die ersten sechs Fokussätze automatisch zu diesem erweiterten einfühlsamen, kraftvollen Geisteszustand führen und der Haltung, dass es ebenso wichtig ist, anderen zu dienen wie sich selbst. Jede Organisation basiert auf diesem Ethos. Mit dem siebten Fokussatz bringen Sie diese grundlegende Einstellung zum Ausdruck und richten sich somit klar auf dieses Ziel aus.

Wenn Sie ein bis zwei Wochen lang immer wieder sagen: »Ich bin hier, um zu dienen und das Leben zu genießen«, werden die Worte Sie auf eine Weise stärken, wie egoistische Absichten das niemals könnten. Ihre Arbeitsleistungen werden sich in jeder Hinsicht verbessern, da Sie eine authentische Kraft entwickeln, wenn Sie anderen Menschen bewusst dienen und Ihre persönlichen Absichten in Einklang mit den größeren Zielen des Unternehmens bringen.

Wissen, was richtig ist

Entscheidungen zu fällen gehört zu den grundlegenden Aufgaben in einem Unternehmen. Wie wir gesehen haben, basieren Entscheidungen nicht nur auf rein logischen Schlussfolgerungen. Viel häufiger sind dafür kreative und intuitive Impulse des Geistes nötig, die mit der Logik kombiniert werden.

Eine Führungspersönlichkeit, der man vertraut, muss über das intuitive Wissen verfügen, was in einer bestimmten Situation richtig ist, und muss mit entsprechender Sicherheit handeln.

Wir haben bereits erkundet, wie wir unseren gesamten Geist nutzen können, um Einblick, Klarheit und Weisheit zu fördern, besonders mithilfe des fünften und sechsten Fokussatzes. Nun ist es an der Zeit, diese innere Gewissheit in eine äußere Handlung umzusetzen. Wir verschaffen uns einen Überblick über eine Situation/eine Problematik, schwingen uns auf unsere Intuition und unsere innere Quelle der Weisheit ein – und gehen dann zur Aktion über.

Sie wissen wahrscheinlich aus eigener Erfahrung, was wir meinen, wenn wir von der »inneren Gewissheit« sprechen, die wir empfinden können. Wir spüren manchmal einfach, dass eine Entscheidung richtig ist. Diese innere Gewissheit entsteht teilweise deshalb, weil wir unsere »Hausaufgaben« gemacht und Informationen gesammelt haben, die wir logisch analysieren. Aber sie entwickelt sich auch aufgrund der tiefen Integrationsfähigkeit des Geistes. Sie ist mehr als nur ein Gedanke, sie ist ein Gefühl der Gewissheit, das den gesamten Körper umfasst.

In den Achtziger- und Neunzigerjahren war es in Unternehmenskreisen Sitte, diese innere Gewissheit schlecht zu machen. Wir sollten all unsere »weichen« intuitiven Fähigkeiten ignorieren und uns stattdessen ausschließlich auf das abstrakte logische Denken verlassen. Man war sich zwar bereits damals im Klaren darüber, dass für die meisten innovativen Entscheidungen niemals genügend sachliche Informationen zur Verfügung standen, um hundertprozentig sicher zu sein. Dennoch übernahmen viele Führungskräfte die psychologisch falsche Auffassung, dass die vier Dimensionen des menschlichen Geistes jenseits des logischen Denkens keine wertvollen, verlässlichen Entscheidungsinstrumente waren.

Diese »unsichtbaren« mentalen Fähigkeiten galten als suspekt, da Computer sie mit ihren zweidimensionalen Bildschirmen nicht erfassen konnten. Freilich wären wir die Ersten, die auf die Gefahr hinwiesen, wenn ein Unternehmen harte Fakten ignorierte und Entscheidungen rein intuitiv träfe, ohne sie durch rationale Überlegungen zu untermauern. Aber das andere Extrem ist ebenso dumm.

> Wenn wir die intuitive und die kreative Fähigkeit des Geistes aus einem Entscheidungsfindungsprozess herausnehmen, ist es so, als gingen wir mit nur einem Paddel zum Rudern. Auf diese Weise erreichen wir nichts, denn die Hälfte der Antriebskraft fehlt.

Nur wenn Führungspersönlichkeiten lernen, regelmäßig innezuhalten und ihre höheren integrativen Geisteskräfte zu nutzen, werden sie vertrauenswürdig und erst dann haben sie die Kompetenz zu führen.

Charisma auf Bestellung

Wenn Sie den Take-Charge-Prozess regelmäßig durchführen, fördern Sie Ihre Weisheit und Ihr Vermögen, die richtigen Entscheidungen zu treffen. Ebenso wichtig ist, dass Sie Ihr Charisma stärken. Dieser Begriff leitet sich vom griechischen »Charisma« (göttliche Gabe, Gnadengeschenk) ab. Unter Charisma versteht man Ausstrahlung, eine besondere persönliche Präsenz, die andere Menschen respektieren, auf die sie positiv reagieren und der sie vertrauen.

Wenn wir uns noch einmal die sieben Weisheitsqualitäten ansehen, können wir uns gut vorstellen, dass jeder weise Mensch auch über großes Charisma verfügt:

1. Die Person strahlt eine Energie aus, die darauf beruht, dass sie im gegenwärtigen Moment in ihrem ganzen Körper geerdet ist.
2. Die Person ist frei von Ängsten und Sorgen, zuversichtlich und mutig.
3. Die Person hat einen klaren, ruhigen Geist, der nicht urteilt und nicht voreingenommen ist.
4. Die Person ist voller Anteilnahme und Liebe anderen und sich selbst gegenüber.
5. Die Person ist intuitiv inspiriert und kann die gesamte Situation erfassen.
6. Die Person schwingt sich regelmäßig auf ihre tiefe innere Quelle der Weisheit und der Gewissheit ein.
7. Die Person ist zuversichtlich, dynamisch und besitzt Anziehungskraft. Sie ist bereit, anderen Menschen zu dienen.

Sie erhalten »Charisma auf Bestellung«, wenn Sie den Take-Charge-Prozess in seiner vollen Länge absolvieren – und Ihr gesamtes Wesen mit den Eigenschaften aufladen, die Ihnen Charisma verleihen.

Werden Sie eine Führungspersönlichkeit

Jeder Arbeitstag bietet Ihnen zahlreiche Möglichkeiten, mit Charisma, Weisheit und Kraft zu führen. Doch die wenigsten Menschen schöpfen ihr Potenzial aus. Wir möchten Ihnen einige Fragen stellen, über die Sie nachdenken sollten, um einige Aspekte von Führung für sich zu klären.

Als Vorbereitung für die Reflexion über die folgenden Fragen, bei der Sie sowohl eine rationale als auch eine intuitive Perspektive einnehmen sollten, sollten Sie zunächst den Wake-Up-Prozess durchführen: Schwingen Sie sich auf Ihre Atmung ein ... Dehnen Sie Ihr Bewusstsein aus, um auch die Bewegungen in Ihrer Brust und Ihrem Bauch wahrzunehmen, während Sie atmen ... Dehnen Sie Ihr Bewusstsein dann weiter aus, um auch die Gefühle in Ihrem Herzen einzuschließen ... Erweitern Sie Ihr Bewusstsein nun erneut, um Ihren gesamten Körper wahrzunehmen, hier in diesem gegenwärtigen Moment ...

Lesen Sie in diesem ruhigen, erweiterten Bewusstseinszustand nun nacheinander die folgenden Fragen, während Sie auf Ihre Atmung und die Gefühle in Ihrem Herzen eingeschwungen bleiben ... und beobachten Sie nach jeder Frage, welche Gedanken und Erkenntnisse spontan zu Ihnen kommen, während Sie darüber nachdenken ...

1. Möchten Sie in Ihrem beruflichen Alltag Ihre Weisheit und Kraft als Führungsperson stärker entwickeln oder sind Sie mit Ihrem gegenwärtigen Weisheits- und Energieniveau zufrieden?

2. Wenn die Voraussetzung, eine weise Führungspersönlichkeit zu sein, darin besteht, auf Ego-Spiele zu verzichten, eine Situation aus

einer erweiterten Perspektive zu betrachten sowie unvoreingenommen zu handeln – sind Sie dann bereit, diese Haltung einzunehmen?

3. Wenn weises Handeln voraussetzt, dass man sich von Egoismus und Materialismus löst und von seinem persönlichen Erfolg absieht, damit man sich dem höheren Guten widmen kann, sind Sie dann bereit, dies zu tun?

4. Wenn wahre Führung darin besteht, nachhaltige Strategien vor kurzfristige Gewinne zu setzen und dafür den Gürtel zeitweise etwas enger zu schnallen, damit Sie auch in Ihrem Herzen ein gutes Gefühl bezüglich Ihrer Entscheidungen und Maßnahmen haben, sind Sie dann bereit, diesen Schritt zu tun?

5. Sind Sie davon überzeugt, dass eine Führungspersönlichkeit anderen Menschen dienen muss – oder konzentrieren Sie sich in Ihrem Leben lieber darauf, nur sich selbst zu dienen?

6. Haben Sie das Gefühl, anderen Menschen dienen und gleichzeitig das Leben voll und ganz genießen zu können?

7. Woher stammt die Gewissheit, dass Sie richtig handeln, wenn Sie eine Entscheidung getroffen haben? Was veranlasst Sie dazu, aktiv zu werden?

Halten Sie inne & erleben Sie

Weisheit im alltäglichen Berufsleben

Wenn die oben aufgeführten Fragen bei Ihnen etwas bewegt haben und Sie bereit sind, das Mind-Management, das wir Ihnen beibringen, zu praktizieren, dann bauen Sie nicht nur Ihre sieben Führungsqualitäten aus, sondern Sie werden in Ihrem beruflichen Umfeld auch zu einer Vertrauensperson und können die damit einhergehenden Vorteile genießen. Und zwar nicht, weil Sie ungewöhnlich begabt sind, sondern weil Sie ein verantwortungsbewusster Mensch sind, der bereit ist, seine geistigen Kräfte gemäß seinen (guten) Absichten einzusetzen.

Wie sieht das nun in Ihrer täglichen beruflichen Praxis aus? Hierfür finden Sie im Folgenden sieben Anregungen.

1. Vor jeder Entscheidung, die Sie fällen müssen, führen Sie zunächst den Wake-Up-Prozess durch, um sicherzustellen, dass Sie aufmerksam sind und einen klaren Geist haben ...

2. Nehmen Sie sich nun so viel Zeit, wie Sie benötigen, um die Sache rational anzugehen: Informationen zu sammeln, nachzudenken und auf dieser Grundlage Problemlösungen zu entwickeln ...

3. Halten Sie nun inne und entscheiden Sie sich dafür, auf eine erweiterte, allumfassende Perspektive umzuschalten ... Absolvieren Sie dazu die ersten fünf Schritte des Take-Charge-Prozesses und öffnen Sie sich für die Erkenntnisse, die zu Ihnen kommen, egal, wie diese auch aussehen mögen ...

4. Ihr Geist ist nun ausgedehnt, Körper und Seele sind in diesen Raum mit einbezogen. Sagen Sie den sechsten Fokussatz: »Ich bin mit meiner inneren Quelle verbunden«, und atmen Sie ein paar Augenblicke mit ruhigem Geist in dieses Gefühl hinein, den Urgrund für weises Führen und persönliche Verwirklichung ...

5. Denken Sie aus dieser tieferen Perspektive heraus erneut über die anstehende Entscheidung nach ... und fragen Sie sich: »Welche Entscheidung ist weise?«

6. Atmen Sie nun einfach ... Bewahren Sie einen ruhigen Geist und erlauben Sie Ihrer tiefen Weisheit, sich zu erheben und so zu sprechen, wie sie möchte ...

7. Stimmen Sie sich auf Ihre gedanklichen und gefühlsmäßigen Eingebungen als Wegweiser ein – und sagen Sie dann mit dem Gefühl innerer Gewissheit den siebten Fokussatz: »Ich bin hier, um zu

dienen und das Leben zu genießen.« Werden Sie nun mit dieser Gesinnung aktiv, um Ihre Entscheidung umzusetzen.

Sie werden feststellen, dass Sie in diesem erweiterten Bewusstseinszustand auch wunderbar schreiben, brillante Reden halten sowie dynamisch und fair verhandeln können. In Ihrem Privatleben treffen Sie zudem sichere und richtige Entscheidungen und lassen Ihr Leben generell von Ihrem inneren Gefühl der Weisheit leiten ...

Denken Sie stets daran, dass Sie immer die Wahl haben. Ihnen stehen nun die Werkzeuge zur Verfügung, mit denen Sie Ihr Leben voranbringen können. Aber eine Schaufel, eine Hacke und verschiedene Beutel mit Samen legen allein noch keinen Garten an und bringen keinen Ernteertrag. Der Schlüssel zum Erfolg liegt in Ihrem Wollen sowie in der Entscheidung, worauf Sie die Kraft Ihrer Aufmerksamkeit richten ...

> Sie werden ständig mit Problemen konfrontiert und müssen dann Ihre Entscheidungen aktiv umsetzen. Wir ermuntern Sie dazu, Ihre neuen mentalen Instrumente bei großen und kleinen Entscheidungen einzusetzen – damit Ihr ganzes Leben sich mit Wohlbefinden, Kraft und Weisheit anfüllen kann.

Halten Sie nun inne, wenn Sie möchten, und denken Sie zehn bis zwanzig Atemzüge lang darüber nach, was die Vorstellung, diesen wirksamen Ansatz bei Ihren Entscheidungen und Handlungen anzuwenden, bei Ihnen auslöst.

Halten Sie inne & erleben Sie

Gier und Egoismus überwinden

Es gibt einige gewohnte Denk- und Verhaltensmuster, die Ihre Weisheit und Ihre Kraft als Führungsperson untergraben können. Wenn Sie diese Gewohnheiten klar erkennen, können Sie sich bewusst davon lösen und sie durch bessere, dienlichere ersetzen.

Wenn Sie etwa nur die Nummer eins sein und alle anderen ausbooten wollen, sind Sie nicht geeignet, dem höheren Guten zu dienen und eine Gruppe oder Organisation zu repräsentieren, also eine Führungsrolle innezuhaben.

> Egoismus und Weisheit leben nicht im selben Herzen. In jedem neuen Moment wählen Sie, ob Sie Ihre Ziele auf egoistischem und häufig angstbehaftetem Weg erreichen wollen oder auf einem Weg, der fairer und weiser ist.

Damit sagen wir nicht, dass Sie nicht danach streben sollen, die Nummer eins zu sein. Wir alle haben das Recht, es uns so gut und angenehm wie möglich in unserem Leben zu machen. Daher lautet der siebte Fokussatz auch: »Ich bin hier, um zu dienen und das Leben zu genießen.«

Aber Egoismus und Gier unterscheiden sich erheblich von dem natürlichen Wunsch, ein gutes Leben zu haben, da sie letztlich auf Angst statt auf Liebe basieren. Wenn Sie mitfühlend sind, möchten Sie den Teil bekommen, der Ihnen zusteht, aber auch sichergehen, dass die anderen ihren Teil erhalten. Wenn Sie dagegen egoistisch und gierig sind, möchten Sie mehr, als Ihnen zusteht, und alle anderen sind Ihnen gleichgültig.

Gierig zu sein ist nicht schön. Solche Menschen müssen ihr Herz regelmäßig verschließen, damit sie sich nicht schuldig fühlen, wenn sie mehr nehmen, als ihnen zusteht. Sie sind häufig in aggressive Kämpfe um das größte Kuchenstück verwickelt und müssen ständig ihre Angst vor Isolation und ihre Verzweiflung verdrängen, weil die Zahl ihrer Freunde abnimmt, während ihr

Kontostand wächst. Und sie haben immer Angst, das Wertvollste in ihrem Leben zu verlieren: ihre materiellen Besitztümer.

> Wir sind alle ein bisschen gierig, da die Zukunft unsicher ist und wir Angst vor schwierigen Zeiten haben. Es ist ein erklärtes Ziel des Take-Charge-Prozesses, aus solchen programmierten Ängsten und Verhaltensweisen auszubrechen und stattdessen zu entspannen, tief durchzuatmen und dem Leben mehr zu vertrauen.

Nur wenn wir uns regelmäßig von gewohnten Denk- und Verhaltensmustern verabschieden und uns darauf ausrichten, Anteil zu nehmen, zu vertrauen und mit anderen zu teilen, erkennen wir, was das Beste für unsere Familie oder für eine Gruppe ist. Erst dann können wir zukunftsorientiert handeln – für uns alle.

Vertrauen statt Angst

Psychologen weisen immer wieder darauf hin, dass den meisten negativen Einstellungen und Verhaltensweisen Angst zugrunde liegt. Die Angst tötet vieles ab: Spontaneität, Kreativität, Vertrauen und Weisheit.

> Das Take-Charge-Programm hilft Ihnen dabei, die Angst in Ihrem Leben zu reduzieren. Denn nur wenn Sie sorgloser sind, sind Sie auch in der Lage, Ihre Kreativität und Weisheit zu nutzen und sicher und kraftvoll zu handeln.

Wenn Sie sich dafür entscheiden, von Liebe statt von Furcht durchdrungen zu sein, und ein offenes Herz für die Menschen in Ihrer Umgebung haben, wird ein Gefühl der Zusammenarbeit, der Zugehörigkeit und gegenseitigen Fürsorge, kurz: eine wahre Gemeinschaft, entstehen. Dies setzt allerdings voraus, dass Individuen lernen, ihren Geist so zu steuern, dass sie sich nicht ständig Sorgen machen, nicht mehr urteilen und ihre Herzen für die anderen öffnen.

Sobald Sie Ihr Bewusstsein erweitern, um eine herzliche Verbundenheit mit der Welt um Sie herum herzustellen, erkennen Sie, dass Sie kein isoliertes Individuum sind, das gegen alle anderen kämpfen muss, um zu überleben. Sie sind auf einer tiefen Ebene mit den Menschen in Ihrem beruflichen und privaten Umfeld verbunden. Zum Wohle aller dienen Sie sich alle jeden Tag aufs Neue.

Diese grundlegende Erkenntnis ist ein Teil der Take-Charge-Erfahrung. Jedes Mal, wenn Sie die sieben Schritte gehen, fördern Sie Ihre Fähigkeit, das Ganze zu sehen, aus dem Herzen heraus zu handeln und Ihre Weisheit in eine klare Vision über die Zukunft einfließen zu lassen, sei es Ihre eigene oder die Zukunft des Unternehmens. Und sobald Sie erkennen, was das Beste für Sie, die Gemeinschaft und Ihr Unternehmen ist, können Sie Ihr wahres Charisma nutzen und tatkräftig und erfolgreich handeln.

Den Take-Charge-Prozess regelmäßig anzuwenden kann tatsächlich der Schlüssel zu einem erfüllteren Leben sein. Wenn Sie Ihre Aufmerksamkeit immer wieder auf Ihre gesamte Präsenz lenken, erleben Sie alle fünf Dimensionen des Bewusstseins innerhalb einer allumfassenden Erfahrung.

Das ist der Pfad der wahren Führungspersönlichkeit und des weisen, mitfühlenden Menschen, der sich um andere kümmert. Das ist der Pfad, den Sie nun frei und voller Freude wählen können.

Der Genussfaktor

Wir haben das Ende unserer Erörterung des Take-Charge-Prozesses beinahe erreicht, aber bisher haben wir noch nicht über die letzte wichtige Zutat unserer berauschenden Mixtur gesprochen. »Ich bin hier, um anderen zu dienen ... und das Leben zu genießen!« Selbstaufopferung mag ja manchmal angezeigt sein, auch in Arbeitssituationen. Doch grundsätzlich haben wir alle das Recht, nicht nur dem höheren Guten zu dienen, sondern auch jeden Moment auf diesem Weg zutiefst zu genießen.

Es ist eine banale psychologische Erkenntnis, dass wir den Genussfaktor in die Gleichung einbringen müssen, in der es ebenso um einen weisen, kraftvollen Führungsstil geht. Spaß und Freude ziehen uns viel mehr an als Leid, da dies unserem ureigenen Wesen entspricht. Warum sollten wir also dagegen ankämpfen? Wir sind mit einem Körper ausgestattet, der ein bemerkenswertes Potenzial hat, sich gut zu fühlen. Und es ist sowohl unsere Aufgabe als auch ein Privileg, dieses Genusspotenzial nicht zu vergeuden.

> Vor allem in der Arbeit ist es absolut notwendig, unseren Wunsch nach und unser Recht auf Spaß, Freude und Genuss immer wieder ausdrücklich zu bekunden. Unsere Aufgabe besteht stets darin, das Dienen und die Freude miteinander zu verschmelzen – zu entdecken, wie wir Arbeit und Spaß nahtlos miteinander in Einklang bringen können.

Der beste Weg, um das zu erreichen, ist, es zu sagen und es dann zu tun! »Ich bin hier, um anderen zu dienen ... und das Leben zu genießen!«

Wie wir gesehen haben, ist der Genussfaktor eine wesentliche Voraussetzung für gute Leistungen und Kreativität bei der Arbeit. Wenn die Arbeit Ihnen Spaß macht, sind Sie weniger gestresst. Wenn Sie sich in Ihrem Körper wohl fühlen, erhöhen sich Ihre Energie und Ihre Ausstrahlung. Wenn Sie entspannt sind und den gegenwärtigen Moment in Ihrem Körper genießen, haben Sie unerwartete Geistesblitze.

Denken Sie daher daran, Ihre Absichtserklärung, dass Sie das Leben genießen wollen, jeden Tag mehrmals zu wiederholen. Natürlich sollen Sie mit Ihrer Arbeit vorankommen. Aber Sie sollen auch dort jeden einzelnen Moment lang genießen, dass Sie am Leben sind. Sie verbringen Ihr halbes Leben bei der Arbeit. Daher ist es überaus sinnvoll, diese Hälfte Ihres Lebens zu genießen!

Im nächsten Abschnitt dieses Buches werden wir alles, was Sie bisher über Mind-Management gelernt haben, noch einmal durchgehen und Ihnen darüber hinaus einige interessante Varianten zur Verwendung dieser Techniken beibringen. Zum Abschluss dieses Kapitels können Sie sich nun entspannen und die Kraft des siebten Fokussatzes genießen, während Sie ihn mehrmals aussprechen ...

~~~~~~

Atmen Sie tief durch ... Geben Sie sich die Erlaubnis, sich gut zu fühlen ..., und sagen Sie einige Male zu sich selbst: »Ich bin hier, um anderen zu dienen ... und das Leben zu genießen!«

Seien Sie offen für eine neue Erfahrung, während Sie in diese Worte und ihre Kraft hineinatmen!

Halten Sie inne & erleben Sie

~~~~~~

Teil vier

Spezielle Anwendungen

Die elf Fokussätze auf einen Blick

Dieses Kapitel bietet Ihnen einen kurzen Überblick über die gesamte Methode, so dass Sie die elf Fokussätze stets auf einen Blick finden können. Darüber hinaus stellen wir Ihnen einige Mind-Management-Strategien für spezielle Situationen bei der Arbeit und zu Hause vor.

Der Wake-Up-Prozess

Sie können den Wake-Up-Prozess entweder für sich alleine oder als Vorbereitung für den Take-Charge-Prozess durchführen. Verwenden Sie stets den genauen Wortlaut und sagen Sie die Sätze, während Sie ausatmen, damit Ihr Geist die Wirkung der Worte bei der nächsten Einatmung erleben kann:

1. »Ich spüre, wie die Luft durch meine Nase ein- und ausströmt ...«
2. »Ich spüre auch die Bewegungen in meiner Brust und meinem Bauch ...«
3. »Ich bin mir meiner Gefühle im Herzen bewusst ...«
4. »Ich bin mir meines ganzen Körpers bewusst, hier, in diesem Augenblick ...«

Der Take-Charge-Prozess

In zwei bis drei Minuten können Sie den gesamten Prozess absolvieren, bei dem Sie alle fünf Dimensionen Ihres Bewusstseins öffnen. Wie Sie in den bisherigen Kapiteln gesehen haben, lassen sich manche Fokussätze variieren, um den Prozess speziellen Situationen anzupassen. Lesen Sie den veränderten Wortlaut der Sätze gegebenenfalls in den entsprechenden Kapiteln nach.

5. »Ich erlaube mir, mich gut zu fühlen ...«
6. »Ich lasse meine Sorgen los und fühle mich innerlich ruhig ...«
7. »Ich akzeptiere jeden so, wie er ist ...«
8. »Ich akzeptiere mich so, wie ich bin ...«
9. »Ich öffne mich für neue Einsichten und Ideen ...«
10. »Ich bin mit meiner inneren Quelle verbunden ...«
11. »Ich bin hier, um zu dienen und das Leben zu genießen ...«

Jedes Mal, wenn Sie jeden dieser sieben einfachen Sätze sagen, werden Sie eine neue Erfahrung machen, so dass der Prozess nie langweilig wird – im Gegenteil! Wenn Sie sich der neuen Erfahrung hingeben, werden Sie bei jedem Mal tiefer eintauchen.

Bleiben Sie dran!

Wir haben festgestellt, dass es im Berufsfeld kaum eine Situation gibt, in der Sie nicht vom Wake-Up- beziehungsweise Take-Charge-Prozess profitieren. Unser Mind-Management-Programm soll Sie letztlich so weit bringen, dass Sie in der Lage sind, fast die ganze Zeit einen erweiterten Bewusstseinszustand aufrechtzuerhalten.

Das ist kein vager Zukunftstraum, sondern ein durchaus erreichbares Ziel. Allerdings scheint es eine Tatsache zu sein, dass wir Menschen immer wieder auf »Autopilot« umschalten, wenn wir nicht gerade Mind-Management betreiben. Daher sollten Sie die Methode ein paar Mal täglich in der Arbeit durchführen. Sie benötigen lediglich zirka ein bis drei Minuten pro Stunde, um anhaltend optimale geistige Leistungen zu erbringen. Und diese wenigen Minuten lohnen sich!

Fünfzehn Take-Charge-Situationen

Im Folgenden haben wir fünfzehn spezielle Situationen zusammengestellt, in denen unsere Methode sehr hilfreich sein kann. Wenn Sie sie anwenden, wird der Tag für Sie gleich viel schöner werden.

Gehen Sie zunächst noch einmal die grundlegende Technik zur Problemlösung durch, die Sie bereits kennen (s. S. 43f.). Sie können sich die Seiten auch kopieren und an entsprechender Stelle aufhängen.

Früh am Morgen Das Gefühl, mit dem Sie aufwachen, beeinflusst Ihre gesamte Tagesstimmung. Achten Sie also noch vor dem Aufstehen auf Ihren mentalen Zustand und wenden Sie (gegebenenfalls) den vierstufigen Wake-Up-Prozess – und wenn Sie Zeit haben, auch die Take-Charge-Erfahrung – an, um den Tag optimal zu beginnen.

Auf dem Weg zur Arbeit Die meisten von uns hetzen zur Arbeit – und setzen sich dadurch großem Stress aus. Beobachten Sie sich dabei selbst. Wenn Sie feststellen, dass auch Sie sich abhetzen, sollten Sie Ihren mentalen Erste-Hilfe-Koffer mitnehmen (entweder den vierstufigen Wake-Up-Prozess oder die siebenstufige Take-Charge-Erfahrung), um sich wieder zu sammeln und Ihre innere Ruhe zurückzuerlangen. Die Zeit, in der Sie unterwegs zur Arbeit sind, eignet sich sogar bestens dafür, die Fokussätze zu üben, neue Erkenntnisse zu gewinnen und das eigene Wohlgefühl zu fördern.

Am Computer Es ist in der Tat eine große Herausforderung, sich während der Arbeit am Computer seiner Atmung bewusst zu bleiben und ruhig und zentriert zu sein. Aber es zahlt sich aus. Sie werden kreativer, mit mehr Tiefe und Energie schreiben und jeden Moment genießen, wenn Sie dabei die Luft wahrnehmen, die durch Ihre Nase ein- und ausströmt.

Bei Besprechungen Wenn Sie anderen Menschen in Sitzungen begegnen, kann es passieren, dass Sie angespannt werden, Ihre Empathie verloren geht und Ihre Kreativität schwindet. Daher ist es wichtig, bei Besprechungen sorgfältig und kontinuierlich Mind-Management zu betreiben. Keiner merkt es, wenn Sie regelmäßig zu sich selbst sagen: »Ich spüre, wie die Luft durch meine Nase ein- und ausströmt«, oder: »Ich akzeptiere jeden so, wie er ist«, oder auch: »Ich öffne mich für neue Einsichten und Ideen ...« Die anderen Teilnehmer werden lediglich bemerken, dass Sie eine sehr positive Ausstrahlung haben.

Beim Kundengespräch Im Verkauf tätig zu sein gehört zu den schwierigsten Aufgaben überhaupt, da man häufig unter Druck steht und die meiste Zeit präsent sein muss. Man hat nur wenig Zeit, um sich zu entspannen und wieder zu sammeln. Aber auch hier kann Sie nichts davon abhalten, sich auf Ihre Atmung zu konzentrieren, auf Ihr Herz, auf Ihren gesamten Körper im gegenwärtigen Augenblick. Sie sollten Ihre Kunden akzeptieren sowie einfühlsam mit ihnen umgehen. Sie sollten auch sich selbst lieben, denn das verhilft Ihnen zu einer guten Ausstrahlung, die wiederum den Verkauf und den Erfolg insgesamt befördern.

Beim Brainstorming Wie leicht hängen Sie in einer ängstlichen Anspannung fest und zermartern sich den Kopf, weil Sie ein Problem dringend lösen müssen. Der Geist ermüdet, wenn er ständig dazu gedrängt wird, eine kreative Lösung zu entwickeln. An einem bestimmten Punkt müssen Sie daher die anstrengenden Gedanken stoppen und sich ein paar Minuten Zeit nehmen, um den gesamten Take-Charge-Prozess durchzuführen. Und wenn Sie den fünften und sechsten Schritt des Prozesses erreichen, sollten Sie Ihre tiefe Quelle der Kreativität, Intuition und Weisheit nutzen.

In der Kaffeepause In vielen Büros ist es üblich, eine Kaffeepause zu machen, um Körper und Geist durch diesen »Muntermacher« wieder anzuregen. Egal, ob Sie einen Kaffee trinken oder nicht, in jedem Fall ist eine Arbeitspause eine gute Gelegenheit für mentales Training, damit Sie rasch neue Energie tanken, auf ein angenehmes Gefühl umschalten sowie Ihre Präsenz und Ihre Ausstrahlung erhöhen. Wenn Sie Glück haben, räumt Ihr Arbeitgeber Ihnen regelmäßige, vielleicht sogar stündliche Wake-Up- beziehungsweise Take-Charge-Pausen ein. Das ist aus betrieblicher Sicht überaus sinnvoll. Seien Sie daher nicht überrascht, wenn Ihr Unternehmen Sie dazu auffordert, regelmäßige Pausen zu machen und sich zu erholen.

Bei Konflikten Immer wieder mal kann es zu Missverständnissen und Konflikten zwischen Ihnen und Ihren Kollegen oder Kunden kommen. Eine Konfliktlösung geht mit dem Take-Charge-Prozess Hand in Hand. Ziehen Sie sich aus der Hitze des Gefechts ein wenig zurück, um eine Verbindung zu Ihrer Atmung, Ihrem Herzen und Ihrer ganzkörperlichen Präsenz herzustellen, und geben Sie sich die Erlaubnis, sich gut zu fühlen – dann sind Sie vielleicht derjenige, der positive Gefühle ausstrahlt und eine Lösung für den Konflikt findet, die für beide Seiten zufriedenstellend ist.

Bei Müdigkeit Wir alle werden bei der Arbeit müde, besonders wenn wir automatische Tätigkeiten zu erledigen haben. Wir nehmen unseren Körper dann nicht mehr wahr und können auch kein angenehmes Gefühl aufrechterhalten, das unsere Wachsamkeit und Energie stimuliert. Sobald Sie sich jedoch auf Ihre Atmung konzentrieren, wird sie tiefer. Sobald Sie Ihre Aufmerksamkeit auf Ihr Herz richten, strömen positive Gefühle hinein. Sobald Sie sich die Erlaubnis geben, sich gut zu fühlen, wird Ihr Geist klarer und Ihr Bewusstsein erweitert sich, so dass Sie wieder engagierter weitermachen können.

Wenn die Angst Sie packt Wie wir gesehen haben, hindern sorgenvolle Gedanken uns daran, gut zu arbeiten und das Leben zu genießen. Bei großen oder kleinen Ängsten hilft das Take-

Charge-Programm, das Sie von Sorgen und Ängsten befreit und Ihre Arbeitsleistung erhöht.

Nach der Arbeit Häufig nehmen wir die Anspannung und den Stress aus der Arbeit mit nach Hause. Viele Menschen setzen sich dann vor den Fernseher oder greifen zu einem Bier oder anderen Genussmitteln und schalten einfach ab. Manchmal ist das genau das Richtige. Denken Sie aber daran, dass Sie auf dem Nachhauseweg oder wenn Sie daheim angekommen sind, auch den Take-Charge-Prozess einsetzen und schnell auf einen angenehmeren, entspannten körperlichen und geistigen Zustand umschalten können. Beginnen Sie mit dem Fokussatz: »Ich erlaube mir, mich gut zu fühlen«, und kommen Sie auf diese Weise innerlich zur Ruhe. Lassen Sie alle (wertenden) Gedanken los, die Sie aus der Arbeit mitgebracht haben, und seien Sie sich selbst der beste Freund.

Zur Essenszeit Ob wir eilig frühstücken, rasch zu Mittag essen oder unser Abendessen im Stehen hinunterschlingen – wenn wir uns keine Zeit für unsere Mahlzeiten nehmen, genießen wir sie auch nicht. Und wenn wir chronisch angespannt sind, verdauen wir die Nahrung nicht gut. Halten Sie doch einfach vor dem Essen kurz inne und führen Sie den Wake-Up-Prozess durch. Schalten Sie auf Ihr sinnliches Bewusstsein um, so dass Sie Ihre Mahlzeit wahrlich genießen können.

Zeit zur Reflexion Sie sollten sich einmal täglich die Zeit für eine zehn- bis fünfzehnminütige Pause nehmen, um eine Meditation durchzuführen, bei der Sie sich tief auf die Magie der erweiterten Take-Charge-Erfahrung einlassen. Diese Meditationstechnik, den »Spiralen-Prozess«, werden wir Ihnen im übernächsten Kapitel (auf S. 155ff.) vorstellen.

In intimen Momenten Es gibt nichts Schlimmeres, als beim Liebesspiel nicht in der Lage zu sein, abzuschalten und sich für das sinnliche Vergnügen zu öffnen. Der Wake-Up-Prozess kann

Wunder wirken, wenn Sie von Ihren um Vergangenheit oder Zukunft kreisenden Gedanken auf den Genuss des intimen Moments umschalten möchten. Sie können jederzeit innehalten und sich auf Ihre Atmung einschwingen ..., auf die Gefühle in Ihrem Herzen ... und auf Ihren gesamten Körper, hier, in diesem gegenwärtigen Moment. Sie werden sehen, wie sehr sich Ihr erotisches Potenzial dadurch erhöht.

Bei Schlaflosigkeit Viele Menschen können nicht abschalten und sich dem dringend benötigten Schlaf hingeben. Wir empfehlen Ihnen daher, alle elf Fokussätze anzuwenden, wenn Sie im Bett liegen und nicht ins Land der Träume hinübergleiten können. Sagen Sie die vier Wake-Up-Sätze, um Ihren Geist zur Ruhe zu bringen und den gegenwärtigen Moment zurückzuerobern. Sagen Sie dann: »Ich erlaube mir, mich gut zu fühlen«, und führen Sie die sieben Take-Charge-Erfahrungen durch. Und wenn nötig, wiederholen Sie den gesamten Prozess danach noch einmal oder auch mehrmals. Sie fühlen sich gut in Ihrem Körper ... und spüren eine tiefe Ruhe in Ihrem Herzen ...

Programme für zu Hause

Allzu häufig führen wir Menschen zwei verschiedene Leben, eins in der Arbeit und eins außerhalb der Arbeit. Manchmal nimmt dies solch extreme Formen an, dass eine Person zwei völlig unterschiedliche Identitäten aufbaut.

Für das Bewusstsein ist diese Entwicklung nicht positiv. Aus psychologischer Sicht ist es sogar gefährlich, seine Persönlichkeit aufzuspalten und sich in der Arbeit anders zu verhalten und anders zu empfinden als im sonstigen Leben.

Daher empfehlen wir Ihnen, die Mind-Management-Techniken in beiden Lebensbereichen anzuwenden. Nutzen Sie besonders morgens und abends Ihre Zeit zu Hause und üben Sie den mentalen Umschaltprozess – denn wenn Sie auf Ihr tieferes Wesen eingeschwungen sind, werden Sie insgesamt ein erfüllteres Leben führen.

Wir möchten Ihnen vier spezielle Zusatzprogramme vorstellen, die Sie zu Hause regelmäßig durchführen können. Das »Entspannungsprogramm« hat eine wohltuende Wirkung, wenn Sie aus der Arbeit kommen. Die »Emotionale Klärung« hilft Ihnen, sich von bedrückenden Gefühlen zu befreien, wann immer Sie spüren, dass es notwendig ist. Die »Tägliche Bewusstseinsübung« ist ein tiefer Reflexionsprozess, der Ihre Stimmung hebt und eine Verbindung zu Ihrer ursprünglichen Identität herstellt. Und das »Gut-schlafen-Programm« ist der ideale Weg, um sich von allen Strapazen zu lösen, wenn es Zeit fürs Bett ist. So können Sie entspannt und mit ruhigen Gefühlen und Gedanken einschlafen, die Sie die ganze Nacht lang einhüllen und stärken werden.

Das Entspannungsprogramm

Die Wake-Up-Technik ist eine gute und verlässliche Methode, um all die bedrängenden Gedanken und angespannten Gefühle loszulassen, die Sie davon abhalten, den gegenwärtigen Moment zu genießen. Hier die ideale Erweiterung dieses Prozesses für rasches Wohlbefinden nach einem stressigen Arbeitstag.

Entschließen Sie sich, ein paar Minuten dem reinen Genuss zu widmen, während Sie in den Entspannungsmodus umschalten. Setzen Sie sich keine feste Zeit, damit kein Druck entsteht; erlauben Sie es sich, einfach da zu sein ... Entspannen Sie und gönnen Sie sich eine Pause nach einem harten Arbeitstag ... Geben Sie sich die Erlaubnis, tief durchzuatmen ... Strecken Sie sich ..., machen Sie es sich bequem ..., legen Sie sich auf den Rücken, wenn Sie möchten ..., und lassen Sie einfach alles los. Seufzen Sie ..., bewegen Sie Ihren Körper ein bisschen ..., spüren Sie ein sanftes, angenehmes Gefühl auf Ihrer Haut ...

Wann immer Sie dazu bereit sind, sagen Sie zu sich selbst:
»Ich erlaube mir, mich zu entspannen und mich gut zu fühlen ...«

Richten Sie Ihre Aufmerksamkeit nun ganz auf Ihre Atmung: Atmen Sie aus ..., halten Sie den Atem an ..., atmen Sie ein. Erreichen Sie den Punkt, an dem die Luft ohne jegliche Anstrengung kräftig in Ihre Lungen hineinströmt, so dass Sie ganz entspannen und Ihre nächsten Atemzüge kommen und gehen lassen können ..., ganz von selbst ...

Sagen Sie nun Folgendes zu sich:
»Mein Leben ist gut ...«
»Die Zukunft kann für sich selbst sorgen – ich habe jetzt frei ...«
»Ich erlaube mir, Spaß zu haben ...«

Entspannen Sie weiterhin ... und kosten Sie es in vollen Zügen aus.

Emotionale Klärung

Mit diesem Programm können Sie sich von aufgestauten Gefühlen oder aus emotionalen Blockierungen lösen.

Nehmen Sie sich fünf bis zehn Minuten Zeit für diese emotionale Heilungserfahrung. Gehen Sie dafür in einen Raum, in dem Sie laut sein können . . ., setzen Sie sich bequem hin oder legen Sie sich auf den Rücken . . . und führen Sie den Wake-Up-Prozess dreimal durch . . .

Entspannen Sie nun einfach . . . Wenn sie möchten, erlauben Sie Ihren Augen, sich zu schließen . . . und richten Sie Ihre Aufmerksamkeit ganz auf die Gefühle in Ihrem Herzen, in Ihrer Brust und in Ihrem Hals . . . Atmen Sie dann zehn- bis dreißigmal langsam und tief durch Ihren Mund ein und aus . . ., bis Sie den emotionalen Druck in Ihrem Inneren deutlich wahrnehmen . . .

Sagen Sie nun jeweils beim Ausatmen einige Male zu sich selbst: »Meinem Herzen geht es so schlecht . . ., dass ich schreien und weinen möchte . . .«

Bringen Sie bei jeder Ausatmung mit allen möglichen Lauten zum Ausdruck, was Sie innerlich fühlen . . ., lassen Sie Ihre Wut oder Ihren Schmerz mit jeder Ausatmung hinaus . . . Geben Sie sich dem natürlichen emotionalen Heilungsprozess des Körpers hin . . . Lassen Sie die negativen Gefühle hinausströmen und verschwinden . . . Schreien oder weinen Sie, schlagen Sie mit geballten Fäusten auf das Bett ein . . ., drücken Sie die Gefühle aus, die Sie viel zu lange in Ihrem Inneren vergraben hatten . . .

Wenn Sie Ihren aufgestauten Emotionen zirka fünf Minuten lang freien Lauf gelassen haben, beruhigen Sie sich langsam wieder . . . Entspannen Sie sich erneut . . . Um den Heilungsprozess abzuschließen, machen Sie die siebenstufige Take-Charge-Technik einige Male auf der Spirale durch (der Spiralen-Prozess wird auf S. 155ff. ausführlich erklärt) . . . Lassen Sie innere Heilung und Erkenntnisse zu sich kommen . . .

Tägliche Bewusstseinsübung

Sie können den Spiralen-Meditationsprozess (s. S. 155ff.) sowohl in der Arbeit als auch auf dem Weg zur Arbeit durchführen – allerdings nicht, wenn Sie selbst Auto fahren (die Wake-Up-Technik können Sie dagegen sogar beim Autofahren machen). Aber der ideale Ort für die tägliche Meditation ist zu Hause beziehungsweise ein Ort, an den Sie sich zehn bis dreißig Minuten lang vollständig zurückziehen und den Tag ganz loslassen können.

Ich empfehle Ihnen, regelmäßig jeden Tag – morgens oder abends – zehn bis dreißig Minuten lang den Take-Charge-Prozess auf der Spirale durchzuführen, bis Ihr Geist sich vollständig beruhigt hat und die Magie innerer Reflexionen Ihr Bewusstsein erfüllt. Es gibt nichts, was erhellender wäre und Ihnen mehr Energie verleihen könnte. Sie müssen lediglich Folgendes tun: Machen Sie einfach den Wake-Up-Prozess durch ... und dann die Take-Charge-Spirale. Das ist alles!

»Ich erlaube mir, mich gut zu fühlen ...«
»Ich lasse meine Sorgen los und fühle mich innerlich ruhig ...«
»Ich akzeptiere jeden so, wie er ist ...«
»Ich akzeptiere mich so, wie ich bin ...«
»Ich öffne mich für neue Einsichten und Ideen ...«
»Ich bin mit meiner inneren Quelle verbunden ...«

Halten Sie inne & erleben Sie

Gut schlafen

Wenn Sie nicht gut schlafen, werden Sie am nächsten Tag voraussichtlich auch nicht gut arbeiten können. Immer wieder kommt es vor, dass wir von Schlaflosigkeit geplagt werden, und ein großer Teil der Menschen leidet chronisch unter Schlafstörungen. Wir möchten Ihnen hier ein kurzes Schlafprogramm vorstellen, das auf dem bereits Gelernten basiert. Damit können Sie Ihre bedrängenden Gedanken und Sorgen im gegenwärtigen Moment zur Ruhe bringen.

Während Sie all das tun, was Sie regelmäßig vor dem Schlafengehen tun – Ihre Zähne putzen, duschen und Ihren Schlafanzug anziehen –, lenken Sie Ihre Aufmerksamkeit von allen Gedanken über die Vergangenheit, von Ihren Plänen und Sorgen über die Zukunft fort, indem Sie den Wake-Up-Prozess durchführen. Wenn Sie dann ins Bett gehen, sind Sie bereits zur Ruhe gekommen und nehmen Ihren Körper bewusst wahr.

Legen Sie sich im Bett auf den Rücken, wenn das bequem für Sie ist ..., und führen Sie erneut den Wake-Up-Prozess durch. Dabei legen Sie eine Hand auf Ihren Bauch und eine auf Ihr Herz ..., um Ihre Aufmerksamkeit auf Ihre Atmung zu lenken ... und auf die Gefühle in Ihrem Herzen ...

Atmen Sie ein paar Mal durch den Mund ein und aus ... Wenn Sie noch emotional angespannt sind, lassen Sie Ihre Gefühle jeweils mit der Ausatmung hinausströmen, so, wie Sie es in der Übung zur emotionalen Klärung kennen gelernt haben ... Lassen Sie diese Emotionen einfach los ... und sagen Sie dann zu sich selbst:

»Ich bin bereit loszulassen und mich dem Schlaf hinzugeben.«

Führen Sie nun den Take-Charge-Prozess einmal durch ... und wenn Sie nicht dabei einschlafen, gehen Sie die sieben Schritte erneut durch ... und vielleicht noch einmal ..., bis Sie schließlich zufrieden und mühelos ... einschlafen ...

Der Spiralen-Prozess

Die gleiche Methode, die uns innerhalb von einer Minute hilft, in der Arbeit bewusster, empathischer und kreativer zu werden, lässt sich auch anwenden, wenn wir uns zehn oder zwanzig Minuten lang von der äußeren Welt zurückziehen, um eine tiefe Meditation durchzuführen.

Die meisten weisen Führungspersönlichkeiten nehmen sich täglich wenigstens ein bisschen Zeit, um sich von der Welt zurückzuziehen, ihren Geist zu beruhigen und ihre Aufmerksamkeit nach innen zu richten. Auf diese Weise klären sie ihren Geist, bauen Stress ab und schwingen sich auf ihr tieferes Wissen und ihre inneren Werte ein.

> Wir empfehlen Ihnen, sich jeden Tag zehn bis zwanzig Minuten Zeit zu nehmen, in denen Sie innehalten und die Take-Charge-Spirale nutzen, um tief in Ihr inneres Wesen einzutauchen. Dieser Energetisierungsprozess kann Ihr Leben stark verändern und die Basis Ihres Erfolgs in der Arbeit enorm festigen.

Wir werden Ihnen nun den grundlegenden Ablauf des Prozesses erklären. Sie können auch gerne auf unsere Internetseite www.selbysolution.com gehen, um sich von der Audioführung durch den Spiralen-Prozess leiten zu lassen.

Der Spiralen-Prozess verwandelt die lineare Abfolge der sieben Take-Charge-Fokussätze in eine Spirale, auf der Sie sich ständig weiter vorwärts und nach oben bewegen – so lange Sie möchten. Sie sagen die sieben Fokussätze nacheinander zu sich selbst, und anstatt den Prozess danach, wie gewohnt, zu beenden, kehren Sie zum ersten Fokussatz zurück und machen die sieben Schritte erneut durch – und noch einmal – und noch einmal.

Auf diese Weise entsteht eine fast magische Wirkung: Jedes Mal, wenn Sie zum ersten Fokussatz zurückkehren, bewegen Sie sich spiralförmig auf einer höheren Ebene geistiger Aufmerksamkeit und Bewusstheit weiter. Und mit jeder Runde, die Sie auf der siebenstufigen Spirale absolvieren, tauchen Sie immer tiefer in den Prozess ein. Jedes Mal, wenn Sie einen Fokussatz sagen, erleben Sie seine Kraft auf eine neue Weise.

Aber noch etwas Wundersames geschieht, wenn Sie sich auf der Take-Charge-Spirale vorwärts bewegen: Sie erreichen irgendwann einen Moment, an dem Ihr Ego still wird. Sie sagen einen der Fokussätze, egal welchen, und anstatt den nächsten Satz anzuschließen, wird Ihr denkender Geist absolut ruhig. Sie tauchen in eine wahrhaft meditative Erfahrung ein, die jenseits aller Worte liegt.

Das ist das Ziel der Spirale. Hier fallen alle Gedanken von Ihnen ab, sogar die Fokussätze, und Sie erreichen den erweiterten Bewusstseinszustand, in dem alles im Einklang ist, in dem Sie alles wahrnehmen ... Sie sind offen für eine Erfahrung, die jegliches Denken transzendiert.

> In diesem erweiterten Zustand geistiger Klarheit und innerer Ruhe werden Ihnen häufig plötzliche Erkenntnisse in den Sinn kommen, die aus tiefen intuitiven Ebenen stammen. Möglicherweise erkennen Sie auf einmal die Lösung eines Problems oder Sie öffnen sich für eine neue Sichtweise einer Situation.

Das ist das Schöne und auch das Wertvolle bei diesem meditativen Prozess: Sie wissen nie, welche Eingebung Sie haben werden. Sie sind in idealer Weise auf Empfang für tiefe Erkenntnisse und kreative Geistesblitze. Und ohne jegliche Mühe oder irgendeine Ego-Absicht bekommen Sie geschenkt, was Sie brauchen. Manchmal ist es nur ein plötzliches Gefühl der Liebe, das in Ihr Herz strömt. Manchmal wird Ihnen eine Erinnerung in den Sinn kommen und Sie werden eine emotionale Heilung erfahren. Manchmal werden Sie eine intensive und erhebende Verbindung zu anderen Menschen oder zur Natur spüren. Und manchmal werden Sie einfach die innere Ruhe und Klarheit genießen, die Ihren Geist, Ihr Herz und Ihre Seele erfüllen ...

Irgendwann werden Sie natürlich aus Ihrem tief inneren Bewusstseinszustand wieder zurückkehren. Die meditative Erfahrung währt eine bestimmte Zeit lang. Danach werden Sie merken, dass sich alltägliche Gedanken wieder einstellen, und Sie werden sich in dem Raum befinden, der Sie umgibt ..., sich strecken und die Augen öffnen ... und entweder zu Bett gehen oder Ihre täglichen Beschäftigungen wieder aufnehmen. Sie werden sich erfrischt fühlen, vielleicht auch kreativer und weiser und stärker mit Ihren Emotionen verbunden.

Die Take-Charge-Spirale

Wenn Sie innehalten und eine tiefe, Kraft spendende Erfahrung machen wollen, dann steigen Sie nun in den Spiralen-Prozess ein mit folgender Anleitung.

Suchen Sie sich einen ruhigen Platz aus, an dem Sie möglichst ungestört sind. Wenn Sie nicht spazieren gehen wollen, setzen Sie sich bequem hin oder legen Sie sich auf den Rücken ... Schließen Sie Ihre Augen, wenn Sie möchten ... Erinnern Sie sich an die vier Wake-Up-Fokussätze und sagen Sie einen nach dem anderen zu sich selbst ... Atmen Sie nach jedem Satz ein- bis zweimal ruhig durch und spüren Sie seiner Wirkung nach ...

1. »Ich spüre, wie die Luft durch meine Nase ein- und ausströmt ...«
2. »Ich spüre auch die Bewegungen in meiner Brust und meinem Bauch ...«
3. »Ich bin mir meiner Gefühle im Herzen bewusst ...«
4. »Ich bin mir meines ganzen Körpers bewusst, hier, in diesem Augenblick ...«

Wenn Sie bereit sind, können Sie nun zu den sieben Take-Charge-Fokussätzen übergehen ... Sagen Sie jeden Fokussatz ... Erleben Sie, was kommt ... Machen Sie nach jedem Schritt zwei bis drei tiefe Atemzüge ..., bis Sie den siebten Fokussatz erreichen ...

1. »Ich erlaube mir, mich gut zu fühlen ...«
2. »Ich lasse meine Sorgen los und fühle mich innerlich ruhig ...«

3. »Ich akzeptiere jeden so, wie er ist ...«
4. »Ich akzeptiere mich so, wie ich bin ...«
5. »Ich öffne mich für neue Einsichten und Ideen ...«
6. »Ich bin mit meiner inneren Quelle verbunden ...«
7. »Ich bin hier, um zu dienen und das Leben zu genießen!«

Wenn Sie den siebten Fokussatz gesagt haben, kehren Sie zum ersten Satz (»Ich erlaube mir, mich gut zu fühlen.«) zurück und sagen Sie ihn erneut zu sich selbst ... Gehen Sie die sieben Schritte nun ein zweites Mal ... Wenn Sie möchten, können Sie die Sätze auch ein wenig abkürzen ...

Und wenn Sie den siebten Fokussatz erreichen, kehren Sie abermals zum ersten Satz zurück und machen den Prozess noch einmal durch ..., bis Ihr Geist schließlich von alleine ruhig wird ... und Sie einen tiefen Reflexions- und Meditationszustand erreichen ...

Halten Sie inne & erleben Sie

Abschließende Worte

Wir beglückwünschen Sie dazu, dass Sie sich darauf eingelassen haben zu erkunden, worum es beim Mind-Management geht.

> Nun beginnt die wichtigste Phase. Sie können das Buch entweder beiseite legen und gar nicht erst mit dem Üben beginnen oder sich bewusst dafür entscheiden, die Übungen zu machen und so weit zu kommen, dass Sie die beiden mentalen Techniken wahrlich verinnerlichen und im erweiterten Bewusstseinszustand leben, der sich Ihnen auf diese Weise im Leben eröffnet.

Mithilfe unserer Mind-Management-Methode können Sie sich stets neue Bereiche Ihrer eigenen, sich entfaltenden Kraft und Ihres Potenzials erschließen. Wir hoffen, Sie werden diese Reise Ihr ganzes Leben lang fortsetzen – Sie haben es verdient!

Online-Audio-Training und weiterer Support

Sie können zu allen in diesem Buch vorgestellten Programmen spezielle Audio-Führungen und Trainingsprogramme auf der Internetseite www.selbysolution.com nutzen. Diese sind in englischer und deutscher Sprache verfügbar. Sie finden dort zudem einen vertiefenden Online-Kurs, mit dem Sie sich den Take-Charge-Prozess mühelos aneignen. Darüber hinaus gibt es ein Take-Charge-Forum, in dem eine offene Diskussion stattfindet. Sie können uns dort Fragen stellen, die wir rasch beantworten werden, oder Ihre eigenen Erfahrungen schildern. Außerdem enthält die Internetseite eine Reihe weiterer Online-Kurse und Audio-Trainingsprogramme, die Ihre persönliche Entwicklung zusätzlich fördern. Die Seite soll Sie langfristig unterstützen und Ihnen eine Take-Charge-Gemeinschaft bieten. Wir freuen uns darauf, Sie dort begrüßen zu dürfen.

Zusätzlich zur Internetseite bieten wir verschiedene Audio-Führungen und Lernprogramme auf CD und DVD an. Falls Sie sich nicht gerne vor dem Computer durch die Programme führen lassen möchten oder keinen Zugang zum Internet haben, können Sie alternativ dazu diese Möglichkeiten nutzen. Weitere Informationen zu den CDs und DVDs erhalten Sie auf der Internetseite www.selbysolution.com. Bestellen können Sie sie bei:

Seminarorganisation Wolfgang Gillessen
Balanstraße 365
81549 München
Tel./Fax: 089-68070702
E-Mail: WGillessen@t-online.de

Wenn Sie an Seminaren oder Online-Trainingsprogrammen für Unternehmen, Fortbildungsinstitute oder andere Organisationen interessiert sind, wenden Sie sich bitte an die Seminarorganisation Wolfgang Gillessen. Die Autoren stehen zudem für Vorträge zur Verfügung.